ちくま文庫

沖縄と私と娼婦

佐木隆三

筑摩書房

目次

沖縄と私と娼婦

序　琉球から日本へ、娼婦から主婦へ

一九七〇年六月八日、琉球立法院は全会一致で、売春防止法を可決した。本土におくれること一四年、ほぼ同内容のこの法律は二年間の猶予期間をおいて〝復帰〟が実現する七二年から施行されることになり、「売春は人間性を害し善良な風俗を乱すもとになり、文明国家としてゆゆしき問題であるから、復帰に備えて早期立法が必要である」といっていた屋良《やら》主席は、これで念願をはたしたわけである。昨年の立法院では野党の自民党が抵抗して継続審議ということになっていたのだが、今年になってすんなり全会一致で決まったのは、七二年返還で本土の売春防止法が自動的に適用されるのを待つのではあまりにも沖縄の自主性がなさすぎるという〝良識〟と、七〇年一一月の国会議員選挙で売春肯定と思われては不利だという〝思惑〟とが、ここで一致したからにほかならないだろう。

保護更生関係規定が七二年一月一日から、刑罰規定と補導処分規定は同七月から施行されるが、二年間の猶予を琉球政府は、「①売春絶滅の速効を狙ったものではなく復帰の際に本土法にスムーズに移行させるため今から立法しておこうというつなぎのもの。②保護更生、罰則規定をすぐ施行してもこれに伴う財政的裏づけがむずかしく実効を期待できない。③他の法律とちがって内容の周知徹底が重要である」と正直に説明している。管理・非管理を問わず売春の全面禁止をうたい、立法目的を「売春が人の尊厳を害し社会の良俗を乱すものであることにかんがみ、売春助長行為を処罰するとともに、補導処分及び保護更生の措置を講ずることにより売春の防止を図る」(第一章総則)としてはいるものの、七二年になってからもどうやら本土並みのザル法であろうことが、早くも予見されるわけである。

琉球政府法務局の調査では、六九年三月現在で、売春従事者は七三六二人だという。沖縄では娼婦の公式用語が〝特殊婦人〟に統一されていて、新聞の見出しにも〈ふえる性病患者　50％が特殊婦人からの感染〉といったふうに、このごろしきりに登場する。法務局の実態調査では、那覇市三〇九六人、コザ市二五七五人、石川市九六四人というのが娼婦の主な分布図であるが、宮古群島一一六人、八重山群島三一人と、離島にまでおよんでいる。五六年五月に本土で売春防止法が制定された当時、娼婦数は約一〇万人といわれた。人口が本土の一％にすぎない沖縄で娼婦が七千人以上ということは、単純に比較しても約七倍の売春率である。いまさらこの数字に驚くのも愚かしいが、それにしても沖縄を考えるとき、売春を抜きにできないことを教えていて、同時に実際の娼婦数が実態調査の二倍前後だろうというのは、この地での常識でもあるのだ。

わたしが沖縄とかかわりをもつようになって、とりわけ売春に注目し娼婦にアプローチしたのは、しかし娼婦の数が多いことに触発されたからではない。どう説明すればいいか、実は自分でもわからないのだから、したり気にここで動機について語るのはやめる。ただこの本におさめた、五度の沖縄行を通じて書いたわたしのルポルタージュに登場する個々の娼婦の貌から、これまで黙殺されがちだった沖縄の売春と、その象徴するものについて、なにか摑んでもらえるのではないかと自負していることだけは言っておこうと思う。「人の尊厳を害し」「社会の良俗を乱す」ものと規定した売春を防止するための法律が公布された直後、わたしは五度目の沖縄行をしたのだが、娼婦がこの売春防止法をどう受け取めているかを、いまさら聞いてみる気にはならなかった。

しかし、それまで出会った娼婦の、何人かには会ってみたいと思った。那覇市栄町の彼女も、その一人だった。七〇年一月の全軍労スト第二波最終日、宜野湾市でひらかれた総括集会に参加したわたしは、雨の中を軍司令部に向けて抗議デモをする労働者と共に泥だらけになり、そのあと全軍労の反戦派の青年たちの討論を傍聴して午前零時ごろ皆に別れ、栄町へタクシーを向けたのだ。そのとき、わたしはくたくただった。そのまま、自分の部屋へ帰って眠るべきだと思った。だがわたしは、自分の部屋よりも、娼婦の部屋に行った。そのとき出会ったのが、栄町の彼女だったのである。彼女のことは、一五八ページに出てくる。部屋に、皇太子夫人のカラー写真を額縁に入れて飾っていた娼婦である。ベッドに腰かけて室内を物珍しそうに見て、ビールを飲んでやたら質問ばかりするわたしをうさんくさく思ったにちがいないが、拒否することを知らないかにみえる彼女は、あくまでも柔順だった。話しているうちにふっと、「復帰が十年先ならよかったのに」と彼女は言い、その理由は「十年あれば借金が返せる」からだった。そして彼女は、大阪へ出てやはり娼婦をしているかつての同僚について語り、自分もそうしようかと考えているのだ、とつぶやいた。わたしは、自分の頭上にある皇太子夫人の写真について、ぼんやり考えた。彼女はなぜそれを飾っているのだろう、どうやって手に入れたのだろう、とも思った。だがそれについて、彼女はなにも答えなかった。皇太子夫人の下に、俳優の天知茂のカラー写真が貼ってあったが、彼は額縁に入れてもらっていず、「こういうタイプが好きだから、なんとなくね」と彼女は俳優については答えた。……半年後に、わたしが会いたいと思って訪ねた栄町の娼婦は、しかし、もう居なかった。その消息を聞き出そうとしたが、誰も教えてくれなかった。どこか他へ移ったのか、結婚したのか、それとも大阪へ出かけたのか、わからないままだった。しかしどこに居るにしても、たぶん彼女は皇太子夫人の額縁入りの写真と一緒にちがいないだろう。わたしは、いまもそう思っている。

コザ市に借りていた部屋の隣りにはオンリイの娼婦が居て、彼女には会えた。沖縄ではハーニイと呼ぶが、隣室の彼女のことは、一六八ページに出てくる。コザ市では娼婦を上、中、下の三ランクに分けて評価するらしく、上級がこのハーニイ嬢であり、中級がAサインバーのホステス兼務であり、下級が街娼ということになるらしい。白人相手か黒人相手か、店がどの程度の格か、街に立つといってもどのあたりか、など細かな点でさらに評価が複雑になるわけだが、隣室の彼女は上の上にでもランクされるべきかもしれない。パトロンはホンダ・スポーツを乗りまわす白人で、しかも彼女は母親と弟と一緒に暮らして、彼を迎えるのだ。久しぶりにわたしが部屋に戻ったからかもしれないが、「元気でしたか」と彼女は声をかけてくれた。以前は顔を合わせても、向こうが先に視線を外らしたが、それでもわたしに悪意を抱いたせいではないらしく、部屋の前を掃除してくれたりしていたのだ。珍しく声をかけてきたのは、しかし彼女の自信の現われでもあったらしい。近くの商店のおかみさんの話では、彼女はまもなくホンダ・スポーツの彼と正式に結婚することになるというのだ。米軍が申請を許可すれば国際結婚が成立して、彼女はその瞬間に娼婦から主婦になる。娼婦と主婦の境界線がどこにあるのかは知らないが、少なくとも法律の上では主婦として公認される。米国籍を獲得するのはまだ先のことだし、多くの困難があるが、役所の台帳に米人の妻であることが記入されれば、それで琉球人の彼女は潜在主権の日本国からも統治者の米国からも一定の保護を受ける。なるほど国家とは、このように機能するものであり、結婚とは国家への忠誠を誓う手続きであり、その代償として保護があるのではないか。

娼婦であり続ける限り、国家は決して彼女らを保護しない。利用するだけだ。本土における戦後の売春は、「進駐軍から一般婦女子を守る」ために組織されたのが主流で、特殊慰安施設協会という名の公娼制度は警察当局の音頭取りによるものだった。いわば〝防波堤意識〟を要請されたのであり、沖縄でもそれに似たような事情だったが、なによりもここが決定的に違うのは、沖縄そのものが戦前も戦後も本土の防波堤にさせられたということである。そして娼婦は、防波堤の中の防波堤ともいうべき役割を演じさせられてきた。いや、これからも演じさせられるであろう。売春防止法がザル法であることを、わたしたちが悲しむべきかどうかそれはわからないが、Aサインバー街にほとんど適用されない事実だけは、たしかだからである。

　このあたりの事情について『琉球新報』七〇年六月二五日付では次のように書く。「売春防止法の施行で一番問題になるのは特殊婦人たちの更生だ。こんど立法された売防法では、これら特殊婦人たちを被害者とし、これをとりまく業者、暴力団などをきびしく処罰する。だが、肝心の婦人たちの更生が完全になされなければ、いかに法を強めても業者や暴力団の手から婦人たちがはいでることはできるはずもなく、売春を防ぐこともできない。その時点でせっかくの売防法も死文化してしまう」「売防法は基本的には、これら特殊婦人の行なうすべての売春を防ぐことを目的としているが、現実的には個人間でひそかにやりとりされる自由（単純）売春については、憲法で保障されたプライバシーに触れることから、取締りはほとんど不可能に近い。そのため実際には、街娼・管理売春が対象となっている。結局七千四百人のうち、法の対象となるのは、美里村吉原や那覇市十貫瀬、栄町など千二、三百人の婦人たちにすぎない。あとの六千余人は本人の自覚を待つしかない。わずか十七・六％とはいえ、千二、三百人の特殊婦人全員を更生させるとなると、就職市場が狭く、復帰を控えてきびしい経済状況下の沖縄では至難なことといえそうだ」（「日の目をみた売春防止法」⑦）。

Aサインバーは七〇年五月現在で、七六三軒ある。従業員は約七千人で、全琉Aサイン協会長は立法院の行法委に参考人として招かれたとき、「Aサイン施設内での売春は布令で禁止されているため表向きは売春行為はないように見受けられる。しかし、地域によっては建物を別にして管理売春を行なっているところもあるがわずかである。従業員の自宅での売春はかなり行なわれているように思われる。また、Aサイン施設周辺で街娼として商売しているものもかなりいる。実態調査をしたことはないが約二千人が売春行為をしていると推定される」と説明している。軍布令では、売春があってはならないはずだが、そのAサイン業者の代表でさえ売春を認めているわけである。もっとも、あくまでも従業員の自宅であるから、売春防止法の取締り範囲としてはむずかしいところがミソである。

米兵が出入りするバー、キャバレー、クラブ、飲食店をAサインと呼ぶが、APPROVE（アプルーブ＝認可する）の頭文字がそれを示すとおり、きびしい風俗業施設認可基準が設けられた、その認可証である。スタートは五三年で、野放しの売春で性病がまんえんしたため、業を煮やした米軍が取締りに臨んだとき設けられた制度だが、いうまでもなく衛生基準とは性病のことであり、業者が自分たちでやとった医者による検診所で、Aサインバー従業員は毎週一回〝検診証明書〟を発行された。スタート時のAサインバーは、したがってホステスは白いユニホームで清純ムードを大いに売り、米軍もAサイン以外への立入りを厳重に取り締まったため、安心して遊べる店として今日にいたるわけである。

管理売春の娼婦たちのなかには、転職先としてAサインバーを希望するものが多いという。しかし、米兵相手のAサインバーそのものが、ドル防衛の影響で最盛時の四分の一程度の収入しかないといい、ホステスの質的向上をはかることで新しい魅力をつくりだす方針でそのために本土から人材を導入するそうだから、どうやら転身はむずかしい。つまり、Aサインバーに勤めてハーニイになるチャンスを逃した女性は、やがて街娼になるか沖縄住民相手の売春街に流れるかであるから、その逆は成りたたないのだ。すでに本土の暴力団は沖縄を系列化におくことに成功しつつあり、売春防止法施行後にそなえた知恵を身につけた彼らは、モグリの管理売春を資金源にしようとしている。転職のむずかしい娼婦たちがこれからたどるだろうコースは、悲しいくらい容易に想像がつく。そして娼婦としての機能さえ維持できなくなったとき、彼女らはどこへ行くのか。わたしはまたしても、部屋一杯を占領するダブルベッドを見下ろしている皇太子夫人の額縁入り写真を思い浮かべ、その部屋で「復帰が十年先だったらよかったのに」とつぶやいた娼婦を思い出す。やがて七二年返還で、いやおうなしに彼女も〝祖国〟に迎えられるわけだが、その祖国の象徴だという天皇家の一員の写真を抱いて、いま彼女はどこに居るのだろうか。

I　娼婦と私の八月十五日

特飲街・十貫瀬の生理

一九七〇年八月十五日、わたしは沖縄に居た。沖縄行は、六八年十一月の主席選挙いらい五度目になるが、真夏に訪れたのはこんどが初めてだった。海洋性の気候のせいか、それほど暑くはない。しかし直射日光を浴びると、熱く感じた。じりじり肌が焼けるようで、事実わずかなあいだに、すっかり黒くなってしまった。時計のバンドをはずしてみると、陽にあたった部分とそうでない部分がはっきりして、わたしは焼けた個所がさらに濃くなるのを楽しみに、いつもの旅でそうするようにやたら歩きまわった。

最初に沖縄を訪ねてから二年足らずのあいだに、状況はめまぐるしく動き、いまなお、激しく揺れ続けているのだが、わたしの日に映る風景は以前とほとんど変わっていない。那覇市国際通りにある三階建ての大越デパートがやがて三越と名称を変えるために増築中であったり、○○さんを激励する会というような秋に予定される国政参加の事前運動の看板がやたら目立ったりで、復帰色が具体的にみられることは確かだが、わたしにはなんの感興もない。二年前の選挙で保守派が勝っていたにしても、たぶん沖縄の状況はいまとたいした変りはなかっただろう。とにかく主席公選という儀式で民主的な手続きを踏んだことにしたのだから、あとは日米共同声明で両政府のアジア政策を確認しあうかたちで沖縄返還を決め、国政参加なる祭りで沖縄県民を保守派が絶対多数の議会主義に封じこめてしまえば、七二年に予定される施政権返還を前に、すでに沖縄は日本のものなのだ。「沖縄が返還されないかぎり日本の戦後は終わらない」と言った佐藤首相のメッセージは、いまにして思えばまさに名言であり、沖縄を片づけた日本政府にとっては、アジア再侵略の戦前にほかならないからである。

――いや、もう、そんな話しはやめよう。

その日、議論しながら飲み歩き、行きついた狭く暗いバーで、わたしたちは顔を見合わせて苦笑する。初めて来たとき知り合った新聞記者に、こんどの旅でも世話になり、いつものように噛みあわぬ議論を果てしなく続けていたのだった。

「いいですよ、続けてください。どうせ誰もおらんのですから。ウチも聞かせてもろとります」

カウンターの中で生欠伸《あくび》を嚙みころしていたマダムが、とってつけたような愛想を言う。そこでわたしは、一杯四〇セントと定価表示されているホワイトホースのおかわりを頼む。マダムは関節の太い指でグラスをつかみ、バケツの中の氷を割ってウィスキーを注ぎ、さらに水道の蛇口をひねって水を足して、「はい、スカッチ・ワーラー」とわたしの前に置く。

「悪いですねえ。ちょうどお盆で、女の子が里帰りしたもんですから。ここにはいつもなら、可愛い子が二人居るんですよ」

急に口をつぐんで、まずそうに水割りを飲むわたしたちに、マダムがしきりに気をつかう。国際通りから入った桜坂というバー街で飲み続けているうちに閉店になり、桜坂とは通りをはさんで反対側の十貫瀬《じっかんじ》に来ていたのだった。この一角は、軒の低い小さな家並みに囲まれたところで、街灯もネオンも妙にほの暗く、その闇のなかを人影が明けがた近くまでうろつく、いわゆる特飲街なのである。もともと奇跡の一マイルと呼ばれる国際通りそのものが、かつては湿地帯だったそうで、その繁盛ぶりとは対照的に、一歩路地裏に入ると、溝から汚水があふれてじめじめした地面の貧しい街並みであり、十貫瀬はその中にあるのだ。

「じゃあ、明日でもまた来るかな」

「それが、うちの子は二人とも宮古だもんで、あと四~五日は帰って来そうにないんです。すみません」

マダムは、律義に弁解をして、おそらくほかの店に行っても事情は似たようなものだから、ここでゆっくり飲んでいってください、とつけ加えた。わたしは、この店に入るまで十貫瀬をうろついたときの、なんともいいようのないドロリとした感じを、ホワイトホースをすすりながら手繰りよせてみる。昼間見たことはないのでどういう流れかは知らないが、幅二間くらいの川が特飲街の真ん中にあって、異臭をはなつ川べりの一尺ばかりの小路を足を踏みはずさないように歩くと、路地の闇にようやく女性であることがわかる人影がひっそりとたたずんでいるか、しゃがんでいるかする。おそらく値段の交渉だろう、立ちどまった男の影と、なにやら方言で交しあっている。

――ここで女を買うのだけは、やめたほうがいい。沖縄では最低の売春街なのだから。

つい立ちどまってしまうわたしを、連れの新聞記者はそうささやいてせきたてる。女性が最低ということだけでなく、物騒な一角だから決して一人で行かないように、と別な人物から注意されたりもした。確かに、客ではない印象の男たちが、さりげなさを装って実は注意深く、あたりをうろついているのがわかる。那覇市の栄町やコザ市の吉原のように、大組織のヤクザがとりしきっている売春街の場合は、客が悪どいことをしないかぎり危害を加えることはないというが、十貫瀬はヤクザというよりグレン隊が多いから、地回りがたちまちカツアゲに早変りするのだとか。だから観光客はほとんど寄りつかず、もっとも安価に性の飢えを満たすことのできる場所として、沖縄の青年たちが利用しているのだという。かつて、ラーメンつきで一ドルと喧伝《けんでん》されたのは、この十貫瀬なのである。

これまでの沖縄取材で、わたしはかなり足繁く売春街に通ったが、十貫瀬には数えるほどしか行っていない。女性が最低であたりが物騒だというのは、やや誇張されているフシがあるが、しかし米兵相手のAサインバー街のケバケバしい賑やかさはもちろん、吉原や栄町などにくらべても、十貫瀬はなんともいえず暗く、陰湿なたたずまいなのである。売春防止法がないということで、売春が公然とおこなわれる沖縄が、観光客の魅力のひとつだとされてはいても、さすがにこの一角にはやって来ない。それは、面白くないうえに恐い、という評判がたっているからというより、この街の存在を知らないからである。観光客には観光客にふさわしい売春街があるから、わざわざ十貫瀬に足を向けるにあたらないということで、サービス精神の旺盛な沖縄の人たちも教えたり案内したりしないのであろう。それだけではなく、「見せたくない場所、つまり恥部なんです」と説明する人も居た。わたしが売春街に興味をもっているというだけで、露骨に嫌な顔をして「なぜわざわざ沖縄の恥部をあばくんですか」と問いつめた人も居たが、いずれにしても十貫瀬には、恥部のそのまた恥部といった趣きがあり、せめてここだけは見せたくないということらしいのである。

それでもときどきまぎれこむ観光客が、ここで飲んでいて地元の客から袋叩きにあうようなことがある。札ビラを切ってでかいツラをしているのが気にくわない、東京弁でわがもの顔にまくしたてるのが耳ざわりだ、といった理由だとか。それは恥部を見せたくない思惑などでなく、自分たちの最後の場所を荒らされるのが耐えられない、その怒りなのかもしれない。わたしがこれまで無事だったのは、いつもそのあたりの事情に詳しい地元の人と一緒だったからだろう。五人も入れば一杯になってしまうその店で、喋るのをやめてひたすら飲みながら、わたしはそんなことを思っていた。

「東京のかたですか」

マダムが、場つなぎのようにたずねる。沖縄ではどういうわけか、東京のかた、台湾のかた、というふうな呼びかたに統一されていて、それは他所者への礼儀とはかぎらず、○○村のかた、漁師のかた、とも用いる。わたしは三年前まで九州で生活していたのだから、東京あたりで「郷里《くに》はどちら」とたずねられたときと同様に、沖縄でも「九州です」と言うが、ここでは本土イコール東京ととらえられるらしく、要するに内地人《ヤマトンチュー》かどうかを確認する質問なのである。

「まあ、そういうことです」と、わたしはやや曖昧に答える。

「やっぱり、肌の色をみたらわかりますね」

だいぶ焼けて浅黒くなったつもりだが、たぶん海水浴場で無理に陽に当てたのと同様、赤味がかって滑稽な印象すらあたえる肌の色なのかもしれない。四度目に沖縄に来たときコザ市に部屋を借りて自炊をはじめ、そこはいまもわたしが借主ということになっていて、なんとはなしに沖縄の住人になった気分でいただけに、こんなときは勝手に白けてしまうのである。酔っぱらったとき、いくらか馴染んだ沖縄方言をあやつって話しかけるようなこともしてみるが、ご愛嬌だと受け取られればいいほうで、たいていの場合は相手を白けさせてしまう。いずれにしても、白けたり、白けさせたりすることが多く、どうしようもなく自分が内地人《ヤマトンチュー》であることをその度に思い知るのである。

「このあたり、相場はいくらぐらいかな」わたしは、こんなとき意地になって、軽薄さにさらに輪をかけたようなことを口にしてしまう。「沖縄は安いと聞いて来たんだから、よろしくお願いしますよ」

「そりゃ、あなた、当人同士の交渉ですから、ウチとしてはなんとも言えません」

マダムは、かえって打ちとけた表情になって、わたしに笑いかける。コザ市の吉原の場合は、入ってすぐの部屋がバーになっているが、そこで女性を選んだ客がそのまま靴を脱いで個室に直行する仕組みになっていて、バーはいわば体裁だけなのである。那覇の栄町の場合は、遊郭の体裁そのままで、やりてばばあ然とした人物が表に立っているのがみられ、玄関の長椅子に腰かけるか、格子窓越しに見える畳の部屋で花札に興じるかしている女性を選んでそのまま個室に行くが、名目的には娼婦が旅館の部屋を長期契約で借りていて通行中の男性と自由恋愛をして自分のところに呼ぶ、ということになっているそうだ。十貫瀬の場合は、Aサインバーの形式に似てバーの客と交渉がまとまると外へ出るのと、街娼みたいに路地に立って呼びとめた相手を、抱えられている家へ連れこむのと二通りある。もっともAサインバーの米兵はいちおうホテルと名のついたところへ行くが、ここでは簡単なベニヤ板仕切りだけでベッドがずらりと並んだ〝旅館〟で身体をひらく。とにかく、わたしたちに〝スカッチ・ワーラー〟をつくってくれるマダムがホステス兼娼婦を二人抱えていることはたしからしいのである。

「マダムも、宮古島の人？」

「そう。この店をもって、十三年になりますけどね」

「じゃあ、十三年前には宮古島に居たわけね？」

「いいえ、もっと前から」

「なるほど、そりゃ、そうだな」

「そうですよ」

マダムは艶っぽく笑いかける。年齢不詳という感じだが、たぶん五十歳に近いのではないか。よくいわれるように、結婚をするか店を一軒持つかが、娼婦にとっての夢であるというのは、わたしも何人かから直接聞かされた。いずれにしても〝現役〟脱出の手段として有効であるわけで、この小さな店のマダムはかつては十貫瀬で娼婦をつとめていたのであろう。わたしはつい調子にのって、結婚しているのかどうかをたずねる。

「大昔の話ですよ。だけど、もうずいぶん前から一人暮し……」

「じゃあ、相手の人は戦争で？」

「いいえ、結婚したのは戦後だけど。とにかく、男はもうこりごり。そう、結婚なんかするもんじゃない。そりゃ結婚は、男の人には、いろいろ便利でしょうけどね」

「すると離婚？」

「まあ、ね。だけどあんた、こんなお婆ちゃんの身の上話を聞いたって、どうってことはないでしょ。……そりゃあ、話せば小説になるくらい、ハランバンジョウでしたけどね」

「聞かせてもらいたいなあ、ぜひ」

「だめですよ、ちゃんと書いてくれる人でなければ……」

話せば小説になるくらい……と、自分の人生を語る人は多く、とりわけ水商売の女性がそういう言いかたを好む。要するに、数奇な運命をたどってきた、ということなのであろうが、まして沖縄の人の場合、戦後は文字どおり波瀾万丈だったと思われる。だからといって、自分は小説を書いたりする職業の者です、と言うわけにもいかず、わたしは連れの人と顔を見合わせて口をつぐむ。そして、沖縄では珍しく饒舌なマダムが、「男はもうこりごり。結婚なんかするもんじゃない」と言ったのは、どういうことだろうかと考えてみる。

これは琉球政府法務局の調査だが、娼婦のうち六〇パーセント以上が離婚の経験者、という数字がある。沖縄においてのみ特徴的な比重なのかどうかわからないが、わたしには意外だった。この意外さとは、わたしが無知であったことにほかならない。
仮に、娼婦を一万人と推定した場合、離婚経験者が六千人になるわけで、このことはやはり異常な数字ではなかろうか。沖縄における離婚率がどれくらいの数字かは、調べてこなかった。しかし、琉球政府の調査は任意抽出の面接方式だったというから、役所の窓口でいう〝離婚〟とは、かなり意味あいが違ってくるのではないか。いわゆる内縁の妻とか妾とかいったものも〝結婚〟であったろうから、役所の統計にでる離婚を上まわっているにちがいない。だがそれにしても、離婚者の数と、娼婦のうちの離婚経験者との数が、近すぎるように思えるのである。何度もことわるようだが、統計上の裏づけはなにもない。しかし考えられるのは、離婚した女性が経済的に自立しようとして選んだ職業が、売春であるケースが多すぎるのではないかということである。

自立とか選ぶとかいう言葉を、あまり安易につかうべきではないかもしれないが、いずれにしても喰っていくために娼婦になるケースが多い、ということなのだ。離婚すべきかどうかを考えるとき、男性と女性のあいだで決定的にちがうのは、女性の側に経済的に自立できるかどうかの判断が大きな要素を占めることだろう。私事を公開すれば、わたしの妻などは機会あるごとに、「自活できるメドさえつけば、いつだってあんたなんかとは別れてやるのに」と言う。そのことを友人たちに告げたら、「うちだって、おんなじことをぬかしゃがる」と相槌をうつから、亭主たるもの経済力で女房を縛りつけている関係らしい。もっとも夫婦喧嘩は犬も喰わぬというから、科学的な判断の材料にはならないだろう……。だが、ユネスコ調査によれば、ソ連の離婚率が世界一だという。主婦専業という女性が少ない国で、女性が経済的にも独立できるということが、たぶんこの数字に反映しているのであろうから、男女同権が名実ともに具現化されれば、日本の離婚率はさらに高くなるはずである。いや、わたしは十貫瀬の特飲街のマダムのことを書いているのであり、ユネスコ調査はこの際どうでもいいのであった。

売春婦と買春夫の快楽

沖縄の産業基盤が、戦後は〝基地産業〟なる奇型的なもので支えられ、三分の二がそれに頼っていることはよくいわれるとおりである。戦前はほとんど第一次産業だったが、現在は圧倒的に第三次産業の比率が高く、第二次産業が極端に低いのが沖縄経済の特徴である。いわば、島全体がサービス業みたいな沖縄で、女性が職業を得ようとしたとき、なにがあるか。まして離婚経験者ともなれば、新卒の娘さんたちのように選択の自由はきかないだろうし、子供をかかえていれば本土へ就職口を求めるのもむずかしい。やはり琉球政府調査によれば、離婚経験の有無にかかわらず、娼婦全体の四〇パーセントが子持ちだという。親元にあずけるとか、他人にあずけるとかだけでなく、自分の手元に置くケースがむしろ多い。だからコザ市のAサインバーには、託児所を兼ねた店がある。

　誰だったか忘れたが有名な哲学者が、「婚姻とは特定の男女が性生活を営むことを公然化することをいう」と定義づけたそうだ。すると売春は、これが不特定に変わり、さらに女性の職業になるところが違うだけだ。すでに性生活を日常的に体験し、しかも恋愛行為としての性交でなくなったがゆえに離婚した女性が、性交そのものが職業である娼婦になっていくのは、さほど抵抗のないことなのかもしれない。まして、ほかに迎えてくれる職場が少ない沖縄ならば。

「男はこりごりって、男が嫌いという意味じゃあないんですよ。これでもウチは、なかなか親切なほうでね」

「要するに、結婚がこりごりということね」

「そう。そういうこと！」

マダムは急に高い声をだし、これは勘定書に記入しないおごりだといって、ジョニ赤をウィスキーグラスに注いでわたしの前に置いた。どうやら男に親切だというのは、口先だけではないらしい。もっとも、彼女が言おうとした親切とは、娼婦時代の男への対応のしかたをふくむことのようだ。連れの新聞記者が酔いつぶれていびきをかきはじめたから、そろそろ引き揚げなければならないのだろうが、マダムがさほど迷惑顔でもないから、わたしはもうすこし飲むことにする。

「以前から、誰かに聞きたかったんだけど……」と、わたしは思いきってたずねる。「女のひとって、商売で男とあれするとき、どんな具合なんだろう。やっぱり、いいのかしらん」

「厭だよ、このひとは。急に変なことを言いだして」

「変なことって。変じゃないよ。かなり重要な質問なんです。だから教えてください。やっぱり、いいときだってあるんでしょ」

「……だけど、疲れるからね」

疲れるからね、と言ったあとで、マダムはどういうわけか、ひどくバツの悪そうな顔つきになった。だが、疲れる、という言葉には、いかにも実感がこもっていて、わたしはマダムのおごりであるジョニ赤をストレートで飲みながら、こちらもいささかバツの悪い思いだった。それは、この種の話題を交したからではなく、売春と買春の問題について考えるとき、いつも味わうバツの悪さといったものなのである。売春の場合に一般的な関係は、売る側は早く終わらせようとし、買う側はなるべくおそく終わろうとする。恋愛行為としてのそれではなく、排泄のために娼婦と接触するのであるから、男にしてみれば放出時の快感を獲得すればそれで目的を達したことになるわけで、むしろ早く終わるほうが合理的なはずだが、どういうわけで長びかせる努力をするのだろう。オルガスムに到達するまでの過程は、快感それ自体としてはたいしたことはない。それなのに、なぜ買春夫どもは「畳の目を数え」たりして持続時間をのばすのか。〝一発〟いくらで買ったときだけでなく、〝時間〟いくらというときでもそうするのだから、ますますわからない。

〝時間〟なら、なるべく手短に回数を重ねたほうが、有利なはずだが——。

わたしは、買春のバツの悪さについて考えるとき、この持続時間にこだわらざるをえない。たしかに、手短に回数を重ねる、といってみたところで、性機能はパチンコ玉みたいにはいかず、一定の回復時間を必要とするものなのだ。しかし、だから長びかせる、というのは理屈にあわない。とにかく買ったものとしての娼婦は、「天井の節穴」を数えてじっとしているか、あるいは「技巧をこらす」かしてこちらが早く終わるのを待っているのに、わたしをふくむ買春夫はひたすら持続時間を長くしようとするのである。

　おそらく、売春における性行為で男の側が長びかせようとするのは、相手の参加に期待をかけるからだろう。排泄のために一定時間だけ女の性器を使用する権利を得たにすぎないのだから、もっぱら自分のことだけを考えていればいいものを、それだけにとどまらず、相手にも快感を味わわせたい期待が、どうしようもなく生じるものなのだ。それは決して、相手を尊重するとか、思いやりとかいったものではなく、相手を従わせる心地よさといった性質のものにちがいない。

「バカ亭主いいかいいかとやたら聞き」という川柳があるが、亭主と女房の関係だから思いやりをこめての行為ということではかならずしもなく、相手の快感を知って自分にとりこむ、相乗効果をねらった男の貪欲さだろうと思う。しかし、恋愛行為ではないとはいえ買春の側の性欲は自然なかたちだが、売春の側には直接の性欲はない。男は金銭で女性器の使用権を獲得できても、相手の性欲を呼びさますことまでは、契約できないのだ。

　疲れるから。

　マダムのその言葉に、わたしがバツの悪さをおぼえたというのも、売春と買春のあいだにある決定的な壁について、いまさらながら気づいたからにほかならない。ウカツな話だが、わたしは長いあいだ、性交において女性も疲労するのだということに、まるで気づかなかった。行為のとき身体を動かすのがもっぱらこちらであるし、しかも「接してこれを洩らさず」という養生訓の戒めを破っているし、疲れるのは男ばかり、となぜか思いこんでいたのである。だが実際には、同じくらい疲労するものらしい。それは不自然な姿勢で臨むこともあるだろうが、なによりも、快感の度合と疲労とが正比例するからなのである。その昔から、娼婦の抱え主たちがおこなう教育は、快感が訪れないにもかかわらず、さもそれを味わっているかのように振舞い、客を喜ばせる技巧であったとか。愚かしくも買春夫どもは、自分のテクニックで娼婦に快感をきわめさせたと錯覚して喜び、あとで吹聴してまわるといった調子なのであるが、よく考えてみると接客サービスというよりも、娼婦の自衛手段の要素が強いのであろう。早く終わらせればそれだけ〝解放〟される時間が長いわけだし、客の回転も早い。そしてなによりも、健康のためになるわけである。つまり実際に快楽を客と共に追求していたのでは、とてもではないが身体がもたない。いかにして快感を獲得したふりをするかが重大な技巧であったか、と想像されるのである。さらに、娼婦が客に惚れて恋愛行為として性交するようになると、抱え主にとってまずいということもあったのであろう。身請けになればそれなりに採算がとれても、それが叶わず心中ということにでも発展すれば丸損である。心中未遂を市中引きまわしのうえ非人集落入りさせたのは、娼婦の快楽追求への体制的な制裁とでもいうべきであろうか。とにかく娼婦は、頻繁に性交を経験しながら、快楽を追求することに制限を受けているという点で、さらに不幸な状態にあるといえないだろうか。

「どうですか。ヤマトにくらべて、沖縄のコは？　情が濃いでしょう？　違う？」

マダムは艶然と笑い、わたしは狼狽してしまう。わたしが沖縄の売春に興味をもっているというと、よくそういう質問を受けるのだが、その質問は非常に困るのである。だからといって、そのこと自体が、わたしの関心の埒外《らちがい》にあるというわけではない。しかし、それは、〝情が濃い〟とか〝情が薄い〟とかいう、情の問題であるのだろうか。この場合の情とは、性器の使用権を売ったのだからさあ勝手にしろ、と身体をひらくだけではなく、その行為にどれだけ感情が介在するか、ということだと思う。そのように考えたうえでいうなら、沖縄の娼婦はたしかに〝情が濃い〟といえるだろう。たんに性器の接触のしかたそのものに細かな心づかいをみせるということだけでなく、短い時間ではあっても、客に気に入られようと努める態度がうかがえるのである。そしてそれは、いうまでもなく、買われた以上は買主に従うべきだという面での〝情の濃さ〟だろうと思う。

ひとつだけ、具体的に書こうか。これは、沖縄の友人から聞いた話である。

本土から来たジャーナリストが、帰って間もなく手紙を寄越して、○○屋のA子にぜひ会ってくれ、と依頼した。本土でも買春をすることが多く、外国でもその経験をしたが、沖縄で出会ったその娼婦の場合、彼の常識でいう売春とはまるでちがい、そこに人間的なつながりを感じた、というのである。とにかく、結婚したいと考えているから、本人の気持をさぐってほしいし、抱え主の意向も知りたい、という内容の手紙であり、実はわたしもそれを読んだ。手紙を受け取ったわたしの友人は、まだA子さんという娼婦を訪ねていなかったので、ぜひ自分も会いに行きたいと頼んだのだが、

「なあに、いつも娼婦から適当にあしらわれているのが、沖縄で思いがけぬサービスを受けて、それを人間的なつながりとかなんとか勝手に思いこんだだけさ」と、沖縄の友人は笑っただけである。そういえば、そうかもしれないが、すくなくとも手紙の主が大真面目であったことは確かであり、実現すればその結婚は幸福だったかもしれない。ひとりの柔順な娼婦を、自らの占有物にしたという点において——。

「情が濃いのかどうかはわからないけど、マジメであることはたしかだなあ」

「マジメ？　実《じつ》があるということね？」

「要するに、マジメなんです」

わたしは、たったいま口にしたマジメについて、マダムにもっと説明すべきだったかもしれない。ストリップ劇場におけるもっとも適切な野次は、「マジメにやれ！」であり、観客がもっとも見たがっている部分をなかなかさらさない踊り子が、それで律義に身体を広げることが多い。べつの章でも書いているように、Aサインバーの女性は客にねだったコーラで割戻しを受けるのだが、東京におけるそれの場合とはちがい、彼女らは律義に全部飲み干してからおもむろにおかわりをねだる。わたしが、沖縄の娼婦に感じるマジメさとは、そういったことをふくむわけであるが、しかしなんとも哀しいマジメさに思えてならない。

「吉原でねえ……」

言いかけて、わたしは口をつぐんでしまう。せっかく話好きなマダムに出会えたのだから、おおいにおしゃべりを交しておくべきだと思いながらも、なぜか口が重くなってきたのだ。実は、そのとき言いかけてやめたのは、ある女流写真家から聞いた話であった。沖縄の売春街を取材したというので、その写真家の話を聞かせてもらうために東京で会ったのだが、自称レスビアンの彼女が経験したこともまた、沖縄の娼婦のマジメさを裏付けているからだ。男装に近いいでたちの写真家は、コザ市の吉原で娼婦を買うために部屋に上がった。青鞜派の活動家たちが明治時代に娼妓の客になったことがあるそうだが、それは視察といった性質のものであったろう。しかし写真家は、生理の欲求からそれをしようとしたのだとか。ところが、女が女を買うなんて、コザ市の吉原では前代未聞のことであったらしい。写真家が女性であることに気づいた娼婦は、ベッドから飛び降りると、大急ぎに部屋を出て行こうとした。写真家が呼びとめて、恐がることはないだろうという意味のことを言おうとしたら、娼婦は好意にあふれた笑顔で、「男の人を連れてきてあげる」と言ったというのである。なんだか、よくできた作り話めいてはいるが、しかしわたしは仮にそれがフィクションだとしても、沖縄の娼婦のマジメさをよくあらわしたエピソードだと思う。

だが、疲れるから、という言葉におぼえるバツの悪さに似て、娼婦のマジメさを語るのは、どこかウシロめたい。沖縄の新聞記者が、いつか次のようなことを言っていた。彼は東南アジアやアメリカに旅行した経験があり、行先で娼婦を買った。台湾とフィリピンの娼婦は素直だったが、抱いていてずっとウシロめたい思いをした。アメリカの金髪女は、値段も高いし態度も横着だったが、娼婦を娼婦としてあつかうやりかたで終始できた。「もともと娼婦を買う行為自体が、女を凌辱したという意識にさせるものです。かつての侵略先である台湾やフィリピンでは、どうしても二重に凌辱を加えたという気持になってしまいますが、アメリカではまるで感じなかったですね。……ところであなた、沖縄へ来て娼婦を買って、どんな気持ですか」問われたとき、わたしは「あなたのいうウシロめたさはわかります」と答えただけだが、しかし自分の言葉のなかにある嘘についても、考えないわけにはいかなかった。だからといって全部が嘘ではなく、たぶんウシロめたさとは、それを口にすること自体がウシロめたいことなのだろうか。

米人女性強姦は幻の犯罪

「帰ります」と不意に言って、わたしは十貫瀬のバーを出た。酔いつぶれた新聞記者とは帰る方角が別なので、彼をタクシーに乗せてから、わたしは国際通りのほうへ歩いた。時刻は三時に近かったが、まだ暗がりを歩く人影はみられる。お盆だから人影は少ないほうで、いつもならもっと目立つはずである。おたがい酔ってふらつく足で歩きながら、すれちがうときはなるべくはなれるようにするのは、警戒心を持つからだろうが、それだけではなく、これもまたウシロめたさなのだろう。本土の人間にくらべて、沖縄の人間がよく酒を飲むかどうか、数字で比較することはできないが、しかし沖縄でそれが目立つことは確かである。コザ市で翻訳事務所をひらいている人が、いつか次のように言った。「われわれが、将来を考えるとき、不安しかない。だからわれわれは、だらしなく酒を飲む。バーやサロンにたむろして、いつまでも飲む。飲んでさらに不安になり、また翌日になると酒場に出かける」「しかし、それはなにも沖縄だけでは……」と、わたしが言いかけたら、その人は皮肉に笑って言った。「いや、自分は新宿のバー街も知っているが、雰囲気がちがう。現代人の不安という点では、共通しているかもしれないが、しかし、沖縄の不安は観念的なものではなく、具体的ですからね。不安の質のちがいが、やっぱり酒場の雰囲気のちがいにあらわれるんじゃないかな。早い話、あなたとこうやって飲んでいても、そのちがいを感じますよ」

なんといっても、わたしのなかには観光気分があるだろうから、翻訳事務所の彼の指摘はあたっているにちがいない。沖縄についてわたしなりにさまざまなことを考え、論じてきてはいるが、そこで感じる不安とかやりきれなさは、なるほど具体的ではない。東京に帰ってしまえば、わたしの日常生活のなかで沖縄は沖縄問題として情報ファイルにおさめられるだけかもしれず、沖縄を語るその言葉でわたしは報酬を得て自分と家族を養うのだから。

七〇年三月に来たとき、わたしは十貫瀬の入口近くで、取っ組みあいのケンカをしたことがある。バーを出たところ、雨がかなり降っていたので、しばらく軒先で雨やどりをしていたとき、後から出て来た客と口論になったのだ。酔っていたので細かくはおぼえていないが、なにか話しかけられて、その言葉がよく聞きとれず、二度ほどたずね返したことで、相手が気分を悪くしたらしい。生意気だ、でかい面をするな、といった意味のことを言われて、余計な世話だとわたしが言い返し、そのうち〝本土の奴〟というふうに言われ、それがどうしたと怒鳴り返したら、いきなり相手がなぐりかかってきた。なぐりあいをやったら負けそうだったから、わたしは小柄な相手に抱きつき、路上で組んずほぐれつということになったのである。そのうち、雨やどりをしていたほかの連中が止めに入り、双方とも酔いすぎて決定打がなかったためたいしたケガもなく、派手に騒いだ割には被害が小さかった。翌朝になって、泥だらけであちこちにほころびの生じた洋服を点検しながら、もしヤクザとあんなことをやっていたらタダでは済まなかったろうと思ったりもしたが、どういうわけか気分がよかった。少なくとも、暗がりで互いに警戒しながらよけてすれちがうときにおぼえる、このウシロめたさはなかった。

だからといってわざわざ取っ組み合いをやるのも割のあわぬ話だから、わたしはうつむき加減に国際通りまで歩く。ここまで来れば街灯が明るく、タクシーも多いが、なんとなくぶらぶら歩き続ける。この国際通りには、立看板とポスター類が派手に並んでいて、沖縄の政治季節が一目瞭然といった具合だから、わたしはいつも念入りに見てまわることにしているが、やはり目立つのは、国政参加へ向けてのものである。

――沖縄の自然は美しいと　よその人達は云ふ　しかしこの恵まれた古里を　私達自身が心から美しいと思うとき　私たちは心からの　しあわせを思わずにはいられない　暑中お見舞申しあげます　**稲嶺一郎**

稲嶺さんは琉球石油社長で、自民党から参議院に立候補する。このわけのわからない文句を並べた人が、アメリカ資本を導入して東洋石油を設立する当事者であり、予想される公害を防ぐために工場の建設そのものを阻止しようとする東海岸の中城村民と鋭く対立しているわけで、ぬけぬけと美しい自然をたたえているところが可笑しい。そして、参院選の対抗馬である革新共闘側は、次のようなポスターである。

――**喜屋武真栄**後援会○○支部結成大会　○月○日　会場○○

あっさりしているのはいいが、○○が埋めてないのは、あっさりしすぎであろう。とにかく、名前を売るのが先決といったところであるが、以下、衆院立候補組のポスターを並べてみる。

――明かるく豊かな県づくり　後援会結成大会　**コクバ幸昌**（注・自民党）

――人民党の新聞『人民』を読みましょう　人民は働く人びとの生活と権利を守る明るい明日への道しるべです　ぜひ御購読をおすすめします　**瀬長亀次郎**

――明日をひらく若い力　**上原**さんを励ます会結成大会　○月○日　所○○

そんなポスターに混じって「屋良無能主席は即時無条件全面退陣せよ！　新沖縄建設協議会」とか、「選挙目当てのスローガン政党自民党打倒　日思会」というようなのもみられる。

わたしは、やがて立看板とポスター類の見物にも飽きて、タクシーに乗ることにする。コザ市に借りている部屋に帰るためだが、メーター料金が一ドル九〇セントで、けっこう長距離なのだ。客待ちのために停まっているタクシーのほうに歩いていたら、黒人がひとり運転手とやりあっているのが見えた。やりあっているといっても、一方的に運転手が抗議しているのであり、巨漢の黒人は小型タクシーの屋根に手をかけて、ただじっとしているのである。わたしは急に緊張して、さりげなくその位置に近づいて行った。前原高校の女子生徒刺傷事件を頂点に、沖縄住民と米兵の感情的な対立は激しくなるばかりで、あちこちでトラブルが生じている。ひょっとしたら、そんな騒ぎに発展しかねない感じなので、わたしは最初に到着した野次馬というわけだった。

「どうしたんですか?」と、わたしはいつでも逃げだせる用意をして、運転手に声をかける。

「金がね、ないんです」三十歳前後の運転手は、わたしに説明してもしかたがないけれども、という表情で言った。「ゲートまで行ったら、なんとかするというんだけど」

「ゲートはどこ?」

「嘉手納の二番」

「じゃあ、ぼくとおなじ方向だ。よければ、一緒に行きますよ」

「いいんですか……」

運転手が当惑した表情をみせたが、わたしは黒人に最大限の愛想笑いを浮かべて、「プリーズ」と言った。一メートル九〇センチはあるだろう黒人は、どういうわけか長いコウモリ傘を大切そうに持っていて、それを地面にコツコツ当てるだけで、わたしにはまるで関心を示さない。「プリーズ」とふたたび言ったら、運転手がそれを受けてなにやら説明し、黒人は初めてわたしの顔を見たがやはり無表情で、しかも前方のドアを開けてタクシーに乗りこんだ。

巨漢の黒人が前部座席にわたしが後部座席で、タクシーはともかくコザ市の方向に走りだした。すでに緊張感はなくなっていて、むしろこういうかたちで黒人と一緒になれたことで、わたしはもう興奮している。トラブルをふせいで、いくらかでも琉米親善につくしたのだとすれば、はなはだ面白くないが、黒人と話すきっかけができたのは、わが野次馬根性のおかげである。わたしが黒人と初めて言葉を交したのは、沖縄に来てからのことであり、それも四度目の旅のときコザ市のジャズ喫茶で知合いになった女兵士が相手だった。その黒人女兵士のことは、あとでふれることにするが、過去の沖縄取材でもっぱら、〝異民族支配〟の沖縄住民に目を向け、支配者である〝異民族〟にふれる努力をしなかったわたしには、彼女との出会いは強烈であった。

「乗り逃げされそうだったから?」

「まあ……」

運転手はどこか不機嫌な表情なので、わたしは、言葉の継ぎようがなくなってしまう。黒人と〝知合い〟になり、〝言葉を交す〟といっても、英語がまるでダメなわたしは、誰かを通訳にそれをしてきたのであったから、頼りとする運転手がむっつりしていたのではどうしようもない。運転手はこの黒人を乗せたくなかったのに、わたしが余計なことを言ったものだから、それで気分を悪くしたのだろうか。ときどき横目に、ちらっと黒人を見るのは、なにか無気味さをおぼえているせいかもしれない。そういえばこの黒人は、なぜ前部座席に乗りこんだのだろう。米兵の犯罪でいちばん多いのは、彼らがゲームでも楽しむように気軽にやる、乗り逃げと売上金強奪だとか。運転席のすぐ横に坐った巨漢が、ひょいと猿臂《えんぴ》をのばしたらそれは可能だから、運転手はほとんど無防備の状態にいる。黒人は、それをやるつもりでそこに坐ったのだろうか。もし一九〇センチもある巨漢があばれだしたら、こちらは二人がかりでも、とてもかないそうにない。

しかし当の彼は、コウモリ傘を操縦桿のように立てて両手でにぎり、身じろぎひとつせずに前方を見ているだけだ。彼らは黄色人種の年齢を推測しにくいそうで、わたしにも黒人の年齢をはかるのがひどくむずかしいが、たぶん二十歳をあまり越えてはいないだろう。白っぽいポロシャツを着て、濃い色のサングラスをかけている。彼は真夜中の一号線を、サングラスを透してどんな思いで眺めているのだろうか。コザ市のジャズ喫茶で、わたしがおごったビールのおかえしに、そっとマリファナをにぎらせてくれた若い黒人兵に似ているが、むろん別人だ。どういうわけか、マッチ箱に入れてあったそれは、二本とも吸いかけであったが、まちがいなく本物だった。案外この黒人も、タクシーを降りるときマリファナを礼に寄越すのではないか、とわたしはさもしいことを考えはじめる。どうみても、乗り逃げをする様子だったとはいえないことに、わたしが気づきはじめたからだった。そもそも乗り逃げをするつもりなら、金の持合せがない、と断わったりはしなかっただろう。彼らがそれをやるとき、もっとも確率の高い方法は、ゲート前でタクシーを降りて、そのまま基地内に逃げこんでしまうことである。いや、逃げるなんてものではない。悠々と歩いて行くのを、あわてて追いかけようとすれば、ガードか憲兵に阻止されて、逆に基地内侵入で逮捕されかねないありさまなのだ。

わたしは黙ってそんなことを思い続け、黒人も運転手も無言のままだ。昼間なら車が混んで、那覇からコザまで一時間以上かかることもあるが、この時間なら二〇分くらいで着く。走っているのは、もっぱら乗用車とタクシーで、そのなかにまじって憲兵隊のパトカーと琉球警察のパトカーが睨みをきかせている。左側に見える、二四時間営業のドライブインのネオンに気づいて、わたしは思わず苦笑する。ナイトレストランという呼びかたのその店には、何度も寄ったことがあるが、ここでわたしは滑稽な役まわりを演じたからだった。なんでも、夫がベトナムの戦場へ出かけて淋しい思いをしている軍人の奥さんが、もっぱらその店をボーイハントの場にしていて、しかも沖縄の青年がその対象だと、ある人物に聞かされた。その話をした人物は、自ら経験者であることを強調し、ぜひ試みるようにすすめたから、わたしは彼と一緒に出かけたのであった。なるほど待つうちに、それらしき女性の客が目立ち、はやる心をおさえつつ観察していたら、中年女というにふさわしい堂々たる体軀の二人連れの黒人がすぐ近くに坐ったので、連れが指図するままボーイに頼んでワインを彼女らのテーブルに贈り、笑顔で交歓しつつそちらへ移る機会をうかがっていたら、なんのことはない待ち合わせていたらしい黒人の男が二人あらわれて、それきりだった。あれは絶対に亭主ではない、若いツバメといったところだ、とわたしの連れは力説し、なるほどその組合せにかぎらず、夫婦が待ち合わせている様子ではなかったが、沖縄の青年が対象になる可能性は、どうやら例外中の例外といった印象であった。

車は、第二兵站《へいたん》部の前を通りかかっていて、全軍労ストのとき駆けまわって馴染みになったゲートを見ながら、わたしはまたしても軍人の奥さんの件を思いだす。屋富《やふ》祖《そ》ゲートを出て一号線を横断し、二〇〇メートルばかり入ったところに、泉町社交街という一帯がある。十貫瀬にくらべれば、いくらかネオンも明るいが、この特飲街もまた、観光客が近づかないところだ。軍労働者と一緒に、ここでも何度か飲んだが、娼婦がたいてい四十歳近いのが印象的だった。雑草が生いしげるなかに、掘立小屋みたいな売春宿が出現し、いつのまにか〝社交街〟になってしまったというのだが、ここへ買春に来る男たちに車をとめて声をかける米人女性が多かったとか。この種の話は、たいていの場合が誇張された風聞だろうが、いずれにしてもわたしはべつにその信憑性を調査しようとは思わない。むしろ根も葉もない作り話ではあっても、買春に来た男を、米人女性が誘うという話そのものを面白いと思う。もっとも、米人女性とはいっても、沖縄籍から変わったばかりの奥さんもふくまれるわけであるが、夫がベトナムで戦争に精出しているあいだに妻が性の飢えをそういうかたちで満たすという話自体、沖縄の青年たちの好奇心をあおるだけでなく、ひとつの報復のかたちとして面白がられているからではなかろうか。

報復といえば、沖縄の男性が米人女性を強姦したというような犯罪が皆無なのは、なぜだろうか。米兵による強姦事件は、数えあげればきりがないくらいだし、表面にでないものも多いだろう。報復というのは妙だが、逆のケースが生じたとしても、むしろ自然だ。沖縄住民による強姦事件は、しょっちゅう新聞をにぎわしているが、彼らは米人をその対象に選ばないらしいのである。布令第二三号には、次の条文がある。「合衆国軍隊要員である婦女を強姦し、又は強姦する意思をもってこれに暴行を加えたものは、死刑又は民政府裁判所の命ずる他の刑に処することができる」その刑の重さにひるんで、強姦者たちはもっぱら〝同胞〟を襲うというのであろうか。軍人の奥さんと沖縄青年のとりあわせが、願望をふくんで語られながら、話題としてももっぱら和姦であるのは、そのことと関係がありそうな気がするが、年齢に注意が要る。おなじ布令二三号にいう。「強姦にならない状態で自己の妻以外の合衆国軍隊要員である婦女と性交した者は、該婦女が満十六歳に満たない者であるときは、これを情交の罪で、五千ドル以下の罰金もしくは十年以下の懲役に処しまた併科できる」

黒人女兵士ルーシー

わたしは、黒人女兵士と知合いになり、コザの町を連れだって歩くことがあったが、このとき見せた知人たちの反応に、なかなか興味があった。彼女はブラックパンサー党シンパであることを匂わせていたから、ここでは仮にルーシーとしておこうか。七〇年三月に、わたしたちはジャズ喫茶で知り合ったのであるが、彼女はそのとき一人きりで居た。わたしは、やはり本土から映画の撮影に来ている人物と一緒にその店に行き、そのときいちばん奥で、ニューロックのリズムをひっそりした感じで聞いている彼女に気づいたのだった。沖縄で黒人女性は珍しい。珍しいだけでなく、ルーシーは美しかったから、わたしは無遠慮に彼女のほうにばかり視線を向けていた。ルーシーはわたしの無作法にとまどったふうだったが、そのうち視線が合うと、微笑で応えるようになったのである。ジャズ喫茶の客は、だいたい白人と黒人が半々というところだが、そこへ入りびたるようになったわたしに話しかけたりするのは、例外なく黒人であった。わたしもまた、白人にはほとんど興味がなかったから、相手にそれがわかったのだろう。言葉を交しているうちに、彼らはしきりに〝カラード〟を連発するから、有色人種同士の親しみということもあったのだろうが、なによりも黒人は陽性だからにちがいない。

いや、それより、わたし自身が、無遠慮で陽性だから、そのときはこちらから話しかけたのだ。琉球大中退で、いまサロンのホステスをしている女性が居合わせたので通訳を頼み、もし一人だけなら話しませんか、と誘ってもらったら、ルーシーは気さくに承知して、わたしたちのテーブルに来た。そこで自己紹介をしたのだが、彼女は「GIです」と言い、意外に思ったら、兵員輸送機のエアホステスだと説明した。沖縄に配置されて一年たったところで、あと一年したら除隊になるから、そのときは東京に寄るつもりでいる。沖縄については、軍隊に入るまでほとんどなにも知らないに等しかったが、いまこの島の置かれている複雑な立場がいくらかわかりかけてきたところだ。むろん自分の本当の故郷はアフリカ大陸だが、生まれたのは南部のニューオルリーンズである。などなど、彼女は率直に語り、「ところで、エルドリッジ・クリーヴァーの『氷の上の魂』を読んだか」と、わたしにたずねかけてきた。クリーヴァーについては、断片的に短い文章を読んだ記憶しかなく、『氷の上の魂』も買うことは買ったが読みかけたままだったから、わたしは正直にそれを告げたあとで、おそらく米国における黒人解放闘争がすぐれて階級闘争を担うであろう、というようなことをつけ加えた。

もっとも、黒人解放闘争や沖縄闘争ばかりを話題に選んだわけではなく、ジャズについてまったく無知なわたしに、解説をしてくれたりもした。わたしは、和英と英和の両項目があるポケット会話辞典を買い、次に会ったときもっぱら筆談で〝会話〟したが、それはほとんど役に立たず、せめて中学生程度の英語基礎知識くらいは確保しておくのだったと後悔し続けた。映画撮影で来ていた知人は、筆談ならある程度通じるのだったが、やがて彼も東京に帰ってしまったので、わたしは沖縄の知人たちに通訳を頼んでまわったものの、たいていの場合ことわられた。「英会話はできないから」というのがその理由だったが、明らかにそれが口実にすぎない場合もあった。「自分たちの世代のもののなかには、知識としての英語には努力しても、実用的な英会話を身につけることに抵抗を感じるものが多い。やはり、沖縄の支配権力に媚びたくない、という意識があるからだ。ところが、そんなことを気にせず、学生時代のアルバイトに軍関係を選んだり、Aサインバーのボーイをしたりだった連中は、いま英会話の達人になっている。つまらぬことにこだわったと後悔しているけど、だからといって、これから努めてアメリカ人と話す機会をつくろうという気持には、とてもなれない」と、一九三三年生まれで琉球大卒の画家は、英会話が上手にできず、同時に通訳を買って出る気持などさらさらない理由をあげた。

全軍労の中央委員で沖縄県反戦青年委員会の活動家でもある知人は、一九四二年生まれで、戦場だった沖縄についての記憶はなにひとつもたない。大学は英文科で、高校の英語教員の資格をとったものの、彼は発音その他に不安があったから、実習のつもりで軍職場に入った。それから数年たって、彼の英会話能力には定評があるのだが、まだ教員になっていない。腰かけのつもりで入った基地内で、沖縄の矛盾の根源にぶちあたった彼は、基地を内部から解体することこそ必要だと考え、活動家になったからである。沖縄本島では、どんな場所の公衆電話からでも、五セント均一料金でつながる――といっても、それは基地内にかけたときだけだが、とにかくわたしは、暗号めいた符丁を用いて彼の職場に連絡をとったりもした。その電話に出るのは、米人であったり彼であったりするのだが、英語で応答するからどちらが受話器をとったのか、さっぱりわからない。英語だからわからないのだが、しかし発音もまったく米人とかわらないように聞こえる。その彼に通訳を頼んだら、快く引受けてくれたものの、ルーシーがブラックパンサー・シンパで、全軍労の活動家にも会いたがっていると言ったら、急に気難かしくなってわたしをあわてさせた。ブラックパンサーのシンパだといっても、頭から信用できないし、うっかり気を許してCIAや憲兵に知れたら、こちらの組織が一網打尽になってしまう、という理由でだった。

ルーシーがスパイになんかなるわけがない、とわたしはムキになって否定したものの、それが彼に対してなんの説得力も持たないことはもちろん、確信できる根拠がわたしのなかにあるはずもない。軍労働者たちは、米兵との対話を通じて反戦活動の共闘をはかろうとする試みを続けていて、やはり黒人とのあいだにそれが生じることが多いそうだ。しかし、身を入れて話を聞いてくれた黒人兵が、それをそっくり上官に告げ口してしまったため、手ひどい弾圧を受けたりもする。〝黒人だからといって油断できない〟という判断は、活動家として当然のことであり、旅行者であるわたしが好奇心だけで言葉をかけ、おしゃべりをエスカレートさせるのとおなじようなわけにはいかないのである。

そこで、わたしとルーシーとは、もっぱら手真似程度の機能しかはたさぬ筆談で、もどかしい〝会話〟を交すよりなかった。ジャズ喫茶だけでなく、食堂やヤキトリ屋のようなところへも行き、ポケット辞典をめくりながらメモ用紙に書きつける作業に熱中するわたしたちは、人種の市場の趣きがある沖縄でもずいぶん変りダネの組合せに映ったらしい。たいていの場合、米人同士の男女か、男が米人で女が日本人であるのに、日本人の男が黒人の女と連れだって歩くのは、よほど珍しかったらしいのである。そうした視線はべつにどうということもなかったが、黒人の男たちにはどうやら面白くない様子だったから、わたしはそれを気にしないわけにはいかない。

ルーシーには、沖縄で親密になった男友達がいるそうだが、いまベトナムへ行っていて「だから孤独だ」ということだった。その彼のことを語るとき、ルーシーは恥じらいの色をみせたから、要するにかなり具体的に親密な間柄であるのだろう。わたしはかすかに嫉妬し、その嫉妬心の理不尽さに苦笑しながらも、とにかく精一杯彼女に接触していたいと願った。いうまでもないことだが、彼女はナイトレストランや売春街の入口で網を張るという噂の〝ベトナム戦線銃後夫人〟の類いであろうはずはなく、健康な好奇心を持ち合わせた二二歳の娘なのである。なにかの話のついでに、黒人の体温は白人よりも低く、おまけに自分は低血圧だから、あなたよりだいぶ冷たいだろう、と彼女が言うので、すかさず「スキン・シップで確かめたい」といったら、「オー・ノー!」と奇声をあげられ、あわてて冗談であることを告げるために、「君はソウル・オン・アイスだ」とクリーヴァーの『氷の上の魂』をもじり、それで大笑いになるといった他愛ない間柄でしかないのである。

なぜ、軍隊に入ったのか。「商業高校を卒業して商社に就職したのだが、人種差別がはげしい職場だったので、耐えきれずにやめた。軍隊は、比較的その差別が少ないところだと聞いたし、エアホステスなら世界旅行ができるから」黒人差別で、あなたにとってもっとも屈辱的だと思うことは。「答えにくい。なんと説明していいかわからない。学校で経験したことを言えば、自分は成績のいい娘でテストではいつも一番だったが、九八点をとれば、九七点しかとれなかった白人の生徒を九九点として発表し、自分はいつも二番ということにされた」軍隊にも差別があるというが、具体的にいえば。「答えにくい。なんと説明していいかわからない」軍の労働者が次々と大量解雇されているが、どう思うか。「答えにくい。ただ、沖縄は不幸な島だと思う」沖縄における反基地闘争と、軍隊のなかの反軍闘争との連帯の可能性について。「わからない。接触を保ちたいと願うが、非常に困難だから。自分たちが、なにをなすべきかを考えることが、いま大切だと思う」軍隊に志願したことに矛盾を感じないか。「どこに居てもおなじだと思う。その質問は、おかしい」あなたの信条は。「ザ・サード・ワールド！」

わたしたちが、何回もおなじ言葉をくりかえし、長い時間かけて話したことを並べてみると、だいたい右のような内容である。ルーシーに聞かれたことは、出生地や仕事の内容や沖縄に滞在する理由などで、わたしが朝鮮の北部で生まれたと答えたら、「コーリアか?」と彼女が言う。そうではなく日本人であるのは、かつて朝鮮が日本の植民地であったからだ、と説明したら通じたが、彼女にかぎらず黒人の感覚は、現在の国籍よりもその人種が問題であり、自分たちが黒くあなたたちが黄色、というとらえかたのようであった。さらに、沖縄と本土の関係になると、わたしたちの筆談ではとうてい説明することは不可能だった。どんな小説を書いているのかというので、秩序の破壊が自分のテーマだと思っていると言ったら、それは大変よい志であると誉めてくれた。

「第二ゲートに先に行きますよ」

運転手が念を押すように言い、むろんわたしも承知して、タクシーはゴヤ十字路を左に曲がって、嘉手納基地二番ゲートに向かった。このゲート通りは、いわゆる白人街でいちばん賑やかな一帯だが、Aサインバーはもう全部ネオンを消している。前部座席の黒人兵は、タクシーがゲート前に停まると、ゆっくりとドアを開けて降り、わたしに一瞥《いちべつ》をくれるでもなく歩いて行った。そして、基地内に入ることが許可されている、基本料金二〇セントの中型タクシーの乗場に行き、やはり車の屋根に手をかけて運転手になにごとか言い、こんどはすんなり交渉がまとまったらしく、前部座席のドアを開けて乗りこみ、ガードにパスを示す準備のために窓を開けて、基地の中に入って行った。

わたしも運転手も、彼が乗ったタクシーのテールランプが、まっすぐ伸びて下り坂になった道に姿を消して行くのを、ぼんやり見送っていたのだった。さほど酔っていたふうでもなく、だからといってまともな状態だったとも思えないコウモリ傘の黒人兵が、礼ひとつ言うでもなくタクシーから降りたことについては、べつに不快でもなかった。むしろルーシーのことを思い出して、わたしは勝手に彼に好意すら抱いていたのだが、そのルーシーにはまだ夏の沖縄で会っていない。四月にあわただしく東京に帰ったときその前にぜひ会っておきたいと思って、なんとはなしに待合せ場所ということになったジャズ喫茶を頻繁に覗いたのだが、四〜五日間まるで姿を見せず、東京から何度も店に電話を入れてみたものの、このごろ現われないということで、心配していたのだ。しかし、七月に入ってから一度だけ来て、その後はまだ来ないがいずれ姿を見せるはずだとジャズ喫茶の人が言っていたから、近く会えるだろうと思っている。

「どっちへ?」

運転手にうながされて、ゲート通りからそう遠くない自分の部屋へ帰るつもりだったわたしは、気が変わってもうすこし飲むことにし、中ノ町に行ってもらうように頼んだ。コザ市の中ノ町は、那覇市の桜坂に似たサロン街で、朝六時まで営業する店が少なくない。沖縄の風俗営業法では、夜十二時になったら閉店しなければならないことになっているから、その時間になったら表戸を閉めてネオンを消すが、あとは文字どおりの裏口営業である。十貫瀬みたいな狭い路地ではなく、タクシーが抜けることもできる通りの角には、数人の男たちがたむろしていて、通行人を誰何《すいか》する。どの店へ行くのか、と問いただすわけで、この時間になるともう、彼らの了解なしには入ることができない。男たちは、マネージャーやヤクザたちであり、二重三重のドアがある裏口の鍵を開けて、店に入れるわけである。いわゆる特飲街ではないから、店内に入ってもごくあたりまえのバーだが、多くの店が空の白むまで客をもてなす。たしか深夜割増料金とかで、飲物が五割近く高くなるが、それでもけっこう客は居るのである。そして客の数に近いくらい、ホステスが居る。サロン、バー、クラブなどなど名称はいろいろだが、沖縄ではかなりの数のホステスがそれぞれの店に居て、人手不足の東京などとはだいぶ事情がちがい、そのうえ値段も高くない。

タクシーを降りたわたしは、とにかく歩いてみることにして、心当りの店をさがす。沖縄に居るときにかぎらず、たいていアルコール漬けみたいなわたしだから、延べ数カ月間の滞在で馴染みの店もできた。たとえば、三人姉妹で経営する店もそのひとつだが、この日はもう閉まっていた。それぞれ個性的な美しさをもつ三人が、実は異父姉妹だと知ったのは最近のことで、長女がフランス人、次女が日本人、三女がアメリカ人を父親にもつ。混血が珍しくない沖縄だが、こういう姉妹を知ると、そもそも〝混血〟だなんて言葉を特別な枠として用いる、わたしたちの神経をまず疑うべきであることに気づく。

さらに別な店に寄ってみるが、顔見知りのマネージャーが○○ちゃんは休みです、と教えてくれたから入らない。たぶん十七〜八歳だろう彼女は、一月に来たときは店に居て、三月のときはやめたとかで居ず、こんど寄ってみたらふたたび勤めはじめていた。「こんな仕事をしていたら、一生を台無しにしてしまいそうなので、昼間の仕事に変わってみたんだけど、やっぱりダメね。こっちのほうが、どうしても楽だから……」と、年齢とは不似合な語調で弁解がましく言った彼女は、夜十時から朝六時まで勤務して、時間給が一ドル近いということだった。精勤すれば二〇〇ドル前後になり、ドリンク制でプラスアルファがあるから、なるほど彼女の昼間の勤めだったという化粧品セールスにくらべれば、収入も多いだろう。だがそれが〝楽〟なのかどうかは、わたしに判断がつかない。

心当りの二軒とも閉店なので、歩くのをやめて部屋に帰ることにする。お盆なので、やはり客足が少ないのだろうし、なによりもホステスの側も休みたいだろう。そして時刻は、もう四時になろうとしているのだ。わたしはタクシーを待ちながら、こうしてやたら歩きまわる自分が、いったい沖縄でなにを考えようとしているのかを、なぜか次第に眠気が去っていく頭のなかで思う。考えるもなにも、ただ念入りな観光客といった体で沖縄をうろつくことにしたのが、そもそもの動機なのだから、いまさらなにも格好をつけることなんかなさそうなものだ。わたしは、近づいてくるタクシーに手を上げて、まだ酒を飲ませるところがあれば行ってみるか、と自分をけしかける。

寄るとすれば、吉原しかない。しかし、ここもまた盆だから、いつもとは様子がちがうことだろう。コザ市を通りすぎて美里村にあるこの売春街がなぜ吉原という名前をもつのかは知らないが、高台にある一帯を昼間遠くからながめたときなど、わたしは妙に感傷的になってしまう。吉原にはずいぶん足を運び、経営者の息子とも知合いになった。その彼はインテリであったが、「売春とは、貧困と同義語です」というのが口癖だった。彼の妹は東京の大学に〝留学〟しているのだが、行って間もなく恋愛をして結婚したいと言ってきたので、そのために頭を痛めている様子だった。「早熟なのは、育った環境のせいですかな」と、しきりにそれを気にしている。だが、妹と同年配もしくはその下の娘たちが、自分の家にやとわれて売春に従事していることを気にする言葉は、彼の口からはでなかった。親の仕送りを受けて〃留学〃生活をする娘の恋愛沙汰などよりも、日夜複数の男を相手に身体をひらく娘たちのほうに、むろんわたしは興味をいだくが、留学生の幸福にくらべて、娼婦の不幸についていまさらながら思わずにはいられない。

貧困について、それが実感としてせまるのは、やはり〃身売り〃なる言葉を耳にしたときだ。親が娘を売る、などというのは現代において死語であるかのように思いこみたいが、しかし現実にはどうしようもなく存在する。娘がその身体で少しずつ借金を返して、やがて前借金から解放されようとするころ、親があらわれて新しい借金をして行くケースが少なくないのである。文字どおり娘を売りとばした親の場合もあるが、非行少女として家を出て〃転落〃した娘をなんとか救い出そうと経営者のところに足を運んでいるうち、いつのまにか新しい借金を申し込んでしまう親もある。離婚して子供を引き取ったものの、どうしようもなくなって娼婦になった女性が、両親にあずけて仕送りを欠かさずにいるのに、両親があれこれ口実をつくってべつな金額を請求してくる。あずかった孫が、そこでは金ヅルになっているわけなのだ。

ところで、わたしが感傷的になってしまうというのは、吉原で会った娼婦に見せられた一枚の写真を、その度に思いだすからである。しつこく身の上話を引きだそうとするわたしを、最初のうちひどく警戒していたらしく、「脱いで」とくりかえし言うばかりだった彼女は、そのうち鏡台の上に伏せて置いてある小さな額縁に気づき無断で手をのばして表向きにしたわたしに、「恋人よ」と挑むように言った。それから問わず語りに、写真の彼について説明したのだが、器用に何種類もの身上話をつかい分けることができるタイプではないらしい彼女のいうところによれば、ランニングシャツにGパンツでつっ立っている額縁のなかの青年は、郷里の幼馴染でいまトラック運転手をしているということだった。吉原で働いていることを知っていて、ときどき〝会い〟に来るそうで、「もし男も身売りできるものなら、自分がかわってやりたい」と彼はそのたびに言うとか。

この種の話なら、どこにでも転がっているだろうが、しかしわたしは、思いだすたびに感傷的にならざるをえない。写真の彼が言う、「かわってやりたい」思いについて想像するとき、胸のつまる思いさえする。彼がもし、娼婦である彼女と知り合って恋をしたのなら、ときどき吉原に〝会い〟に来て思うのは、早く自分だけのものにしたい、ということであろう。しかし、幼馴染みの恋人が不意に娼婦になったのだから、彼にとっては理不尽にも何者かが奪い去った実感しかなく、一日一日彼女が遠ざかっていく思いではないか。前借金の返済に協力するといっていながら、吉原に〝会い〟に来て金をつかうことが彼女には困ったことに思えるらしいが、だからといって彼にしてみればそうでもしなければ耐えられないであろう。そして結果として、さらに彼女と遠ざかることになるジレンマが、「もし男も身売りできるものなら、自分がかわってやりたい」という言葉に集約されているのではないか。

そうじゃなくて、写真の男はヒモだよ。わたしが、その娼婦の話をしたら、沖縄の知人のひとりはこともなげに笑った。よくいわれるように、娼婦にはたいていヒモがついているらしいが、しかし彼女の場合は情夫《ヒモ》ではなく恋人《イロ》として写真の男について話したのだとわたしは信じる。情夫と恋人がどうちがうかについて、はっきりした区分のしかたをもっているわけではないが、娼婦と特定の男との関係を考えるとき、やはり別々に考えたい気がするからである。

情夫《ヒモ》といってもいろいろに分けられるだろうが、ここでは娼婦から経済的な恩恵を受ける存在として、大雑把にとらえたい。情夫は多くの場合ヤクザで、彼女らを暴力的に、あるいは手練手管で娼婦にしたてた男だ。いわばダニのように、娼婦に喰いついて金をしぼりとる存在だが、しかし彼らにしたところで、それなりに誠意をつくし努力をはらってはいるのである。その一つがミサイルであろう。いかにも沖縄的な命名だが、ヤクザの世界ではどこでも必要とされる彼らの武器なのだ。どういうことかというと、ペニスの表皮を切りさいて異物を入れ、それで性交に臨んで女の快感を高めようとする手術である。真珠もしくはおなじくらいの太さのプラスチックの玉を表皮に埋めこむのだが、手術は病院ではなく私製の技術だという。カミソリで切りさき、急いで〝ミサイル〟を埋めて、べつに縫合するわけでもなく傷口が自然に癒着するのを待つ。娼婦の口からはどうしても聞きだせなかったが、男の側からいわせれば、効果のほどはミサイル級だとか。なるほど、偽りの快感で客の排泄を早める処理に苦心する娼婦が、自分が養う男にまで演技をしてみせる必要はないから、ミサイルはやはり快感を高める効果をもつのであろう。さまざまな性具にも、おなじ効用をねらうものがあるが、ヒモたちは自らの性器に刃物を当てて、それを装備するのであるから、プロフェッショナルの義務でもあるのかもしれない。とにかく、性交における快楽追求から疎外されている娼婦たちは、ヒモとの行為のときはじめて飢えを満たされる場合が多いのであろう。だからヒモは金ヅルをつなぎとめるべく、自らの性器に刃物を当てる。豪のものは、ミサイルを何個も埋めこみ、その数に比例して彼が管理する娼婦の数もふえるという。

ヒモが仮に、彼女を〝転落〟させた男であったとしても、徹底的にしぼりつくす存在であったとしても、性欲を満たすもっとも安易な方法として金をにぎってやってくる客たちにくらべれば、娼婦にとってはマシであろう。だから、ヒモを持たなかった娼婦がわざわざヒモをつくるのも、よくあることなのだ。昔から言われてきたように、娼婦はふつう、接吻とか乳房に触れられることを拒む。接吻からペッティングへ、そして直接の性交へとエスカレートする一般的な男女関係とは、ここでは順序が別なのである。わずらわしい、不潔だから、というのが娼婦の言いぶんだが、やはり〝身体を売っても心は売らぬ〟という気分の具体的な証しとして、客に触れさせぬ部分を残しておきたいからなのだろう。〝最後のもの〟という表現は、一般的な男女関係では直接の性交をさすが、娼婦にとっては唇であり乳房であるわけで、なんだかこちらの〝最後のもの〟のほうが、より精神的なもののように思えてくる。不特定多数の男どもを相手に、世間の常識でいう〝最後のもの〟をいともあっさり提供する娼婦が、安らぎを求めて、あるいは快楽を求めて特定の男をつくりたがるのは、充分に察しのつくことなのだ。恋人になってくると、そのあたりの事情が変わってきて、そのような利害打算を越えた関係をいうのではないかと思うのだが、しかしわたしにはこの場で恋愛論をまわらぬ舌で展開するよりも、吉原を遠くから見て感傷的になるほうが似合っていそうだからやめておくし、これから吉原に出かけるのもやめることにしよう。

少年の玩具は髑髏

「なんですか⁉」

「エイサーですよ」

暗闇のなかを移動して行く集団を前方にみて、わたしが思わず中腰になって叫ぶと、運転手はなにを驚くのだというような表情で答えた。エイサーが盆踊りであることは知っていたが、この時刻にこの場所で出会おうとは思ってみなかったので、わたしは急いで停めてもらい、タクシーを降りた。借りている部屋はもうすぐで、いわばおなじ町内の人たちがエイサーを楽しんでいるのだから、わたしとしても見物くらいはさせてもらってもいいだろうと思いながら近づくと、突然、太鼓と三味線の音があたりの静けさを破り、浴衣に赤ダスキの人々が激しいリズムにのって踊りはじめた。そこは、わたしが通っている銭湯の前で、エイサーの行列は〝ソーレ〟〝ヤッサヤレヤレ〟などと合の手をいれながら、独特の手踊りを続ける。おそらく六〇人は居るだろう踊りの集団は男女半々というところで、それに同数くらいの見物人がついている。エイサーの行列は、こうして主だった家を訪ねてまわるのであり、祝儀が入っているらしい袋を手に、番台によくみかける老人が表に立って見守っている。

激しい踊りだった。わたしが知るかぎり、盆踊りはもっとゆるやかなテンポで、静かに身体を動かすものだが、ここで見るのはどこか阿波踊りに似た激しさをもち、だからといって阿波踊りよりも複雑な踊りなのである。

春に沖縄の知人の結婚式に招待してもらったときのことが、思い出された。その人は教員で、演劇サークルの活動を通じて結ばれた人と結婚したのであり、披露宴はなるべく地味にやりたいと思っていると言っていたが、会場には約三〇〇人が集まっていた。正面の舞台から縦に何列ものテーブルが並べてあり、椅子がびっしり詰まって空いた席へ移動するのも大変なくらいだった。たしかに地味なほうで、ふつうなら五〇〇人くらい収容する会場でやるはずです、と隣の人が教えてくれたりもした。テーブルには、泡盛の二合瓶とコカコーラの小瓶が一本ずつ、そして二段の折詰が置かれていて、紙コップに注いだ泡盛をコーラで割って飲みながら料理を食べ、舞台に注目するのである。舞台では、半ば職業的な琉球舞踊の名手たちが、さまざまな祝い踊りを続け、ときどき、新郎の同僚である先生がたの三味線合奏や、友人たちの合唱がはさまれる。こんなふうに多勢が集まるから、なかにはやって来た人同士が「ところで、きょうは誰と誰が結婚したんですか」と言い交すことさえあるとか。

わたしは、知人の結婚披露宴でみた踊りと、目の前のエイサーを重ねながら、沖縄の反戦運動の活動家たちと息抜きに泡盛を飲んだときのことを思いだす。ついいましがたまで『国家と革命』の学習会だったのが、一区切りつけて泡盛になったら、たちまち歌がでるのである。それはむろん琉球民謡だが、沖縄本島と宮古島や八重山など離島はかなり色彩が異なっているから、自分たちのところはこうだ、という具合にそれぞれが披露する。あんたも琉歌をおぼえたか、と問われても、音痴であると同時に方言の歌詞がてんでわからないわたしは、ただ頭をかくだけである。それでも、子供の頃から沖縄調だということで記憶していた猥歌があるので、モト歌を教えてほしいといってそれを歌ってみた。〝汽車の窓からチンチン出して　サーユイユイ　汽車チン出したと　ヤレホレ　大威張り　またハーレの　ツンダラカヌシャーマヨ〟といった類いの歌で、その場合は大笑いになったものの、わたしにモト歌を教えてくれるはずの活動家はすっかり気を悪くして、「それはね、悲恋の歌なんだよ。それがどうして、おなじ替歌でも、そんなけったいなものになったのかねえ。俺は悲しいよ、実に悲しいよ」とからんだから、やはり歌うのをやめておいたほうがよかった。

エイサーの見物人のなかに、見覚えのある顔があり、相手はわたしに気づいていたが声をかけなかったらしく、ニッと笑ってわたしの視線に応えた。彼は沖縄県反戦青年委員会の活動家で、コザ市の高校を春に卒業して琉球大に入るつもりだったのだが、卒業式に造反をおこしたため卒業延期の処分を受け、奇妙な浪人生活をおくらざるをえない羽目になり、しかし進学をやめて労働者になる決心をした青年なのである。どうやら一緒に居るのは母親らしいので、わたしは会釈をしただけで言葉をかけず、銭湯の前で続けられるエイサーに視線をもどした。激しいリズムが、なんとはなしにわたしの血を湧かせるようでもあり、叶うことなら踊りの列に入りたい気さえした。むろんそれは不可能な話で、わたしは見物している青年の仲間であるK君と話したときのことを思い浮かべる。

K君は、朝鮮戦争がはじまった年に生まれた。「昭和二五年ですね」といってメモしようとしたら、「一九五〇年です」と彼はひどく律義な口ぶりで告げた。訂正を求めるでもなく、念を押すでもない、とにかく一九五〇年といわなければ、彼にとってピンとこない感じなのであった。そういえば戦後に生まれた、沖縄第三世代というにふさわしい若者たちは、たいてい西暦で年号をいう。本土の活動家学生も、まず例外なく西暦でいうが、これは国際的な出来事との関連づけで便利だからというだけでなく、なるべく昭和とか大正とかの年号をつかいたくない意志がはたらくからだろう。つまり天皇制にもとづく年号に抵抗感があるからだろうが、小学校二年生で敗戦を迎えたわたしなどは、「一九六二年というと、ええっと、昭和三七年かな」と指を折らねばピンとこないほうで、これはやはり習慣の問題である。いつだったか学生と話していたら、わたしの昭和年号をいちいち西暦に訂正して、まるで天皇制護持論者と話しているみたいな表情なので、「キミはカトリック信者かね。西暦というのは、キリスト誕生を起点にしとるんだよ」なんて、つまらないことを言って憂さ晴らしをしたことがある。

K君の場合は、これはもう、はっきり習慣の問題であり、戦後の沖縄にもちこまれた米国の慣行にすっかり馴染んでいるからである。とにかく、朝鮮戦争がはじまった昭和二五年——一九五〇年に生まれたことは、K君にとってひとつの意味をもつ。米軍は沖縄を太平洋の要石と表現し、軍用車の黄色ナンバーには鳥居のマークと共に『KEYSTONE OF THE PACIFIC』なる文字が打刻されている。米軍にしてみれば要石でも、沖縄県民にしてみれば踏石にされているわけだが、それはなによりも一九四九年の中国革命と一年後の朝鮮戦争で、沖縄の重要さを確認したからである。六九年十一月の日米共同声明で施政権の返還が約束され、同時に基地機能が強化されているのも、ベトナムの次は朝鮮だという意図があるからにほかならない。K君がもの心ついたころには、もう朝鮮戦争は終わっていたが、基地拡張の工事は急ピッチだった。最初に本土の業者が乗りこんできたのは、朝鮮戦争がはじまって二年目であり、本土もまだ占領状態だったから、「米軍にさからうと沖縄で強制労働をさせられるぞ」という噂がしきりに流れた時期でもあった。もっとも、強制労働をさせられたのは沖縄の人びとだった。K君のお父さんは、本土から来た土建業者にやとわれたが、その待遇のひどさは戦前の差別そのままで、抗議するとたちまちリンチが加えられるほどだった。話を聞いてK君が、「どうして、そんなところで働かねばならなかったの」とたずねたら、お父さんはなんともいえぬ悲しそうな顔をして、黙りこんだそうだ。

敗戦の直後から基地の建設はなされていて、収容所に入れられた住民は、有無を言わさず狩り出す米軍に従って、その作業をするよりなかった。自分たちは農民だから畑仕事をしたいのだと抵抗すると、制裁が待っていた。それは殴ったり蹴ったりのリンチよりもっとつらく、食糧の配給をストップするやりかたなのである。だが農民の土地への執着はつよい。各地ではげしく反対闘争が燃え、米軍は五三年四月に土地収用のための軍布令一〇九号を施行する。身体を張って農民は抵抗するが、軍用犬がけしかけられ、ブルドーザーが農家を押し倒し、なお拒むと火がつけられた――。そんな土地闘争は、六〇年ごろまで続くが、那覇市内に住むK君には、どこか遠くの出来事みたいだった。万国博会場の七倍もの広さをもつ嘉手納基地をはじめ、主要な部分は沖縄本島の中部に集中していて、那覇市内ではむしろ縮小されていたからだ。

市内にあった補給基地がなくなり、いまの第二兵站部に移る。突然生じた空地は、K君たちにとって絶好の遊び場になった。「土を掘ったら、鉄砲が出てきました。鉄砲の先につける、ゴボー剣も出てきました。錆を落として、さっそく戦争ゴッコです」大人たちが眉をひそめ、怒鳴りつけてもやめない。かつて激戦場だったとしても、彼らは直接知らないのだから、戦争ゴッコはただひたすらに楽しい。「補給基地だから、海岸へ通じる油送管が埋めてあったんですね。後片付けでそれが掘りだされ、パイプを取りだしたあとは長い溝になった。ザンゴウです」ザンゴウにみたてた溝に、鉄砲を構えたチビッコがたてこもる。ゴボー剣をつけた部隊は、斬込隊と称して攻撃をかける。戦争ゴッコとしては、かなり本格的だったろう。「メダルも、土の中から出てきました。鎖がついていたので、首にかけて遊びました。胸にぶら下がったメダルを見て、憲兵が顔色を変えて取りあげるようなこともありました。そのメダルは、認識票だったんです」部隊名と番号が刻まれていて、上陸作戦の米兵はそれを首にかけていたのだ。「骨も出てきました。最初は気味が悪かったけど、慣れたらなんでもなく、頭蓋骨を蹴とばして遊ぶ奴もいました」土の中から出た骨をフットボールの代用品にしたような世代が、いま大人になりつつある。時の流れは、中高年の大人たちからさえ戦禍の記憶を遠ざけているが、しかしちょっと土を掘れば、戦争の記憶がたちまちよみがえる場所であり、その土を踏んでいま反戦派の活動家たちはラジカルな闘争を展開しつつあるのだ。

銭湯の前でのエイサーが終わったとき、さっき見かけた青年の姿はもうなかった。おそらく夜明けまで続くのだろう行列が、ふたたび静まりかえって移動していくのを見送り、わたしはこんどこそはと自分の部屋へ帰る。バー勤めの女性たちが多い一角だから、いつもなら朝まで帰宅の足音が絶えないが、妙に静かだ。十貫瀬の女性がそうであるように、盆だから帰郷したのだろうか。わたしは部屋に上がり、なぜか気分が高ぶって睡れぬまま、買い置きの泡盛に口をつける。

「あ、ちょうどよかった。差入れだよ」

窓から、さっきエイサー見物のなかにいた青年が覗きこみ、重箱をひょいと差し出した。受け取って見ると、肉の揚げものや焼魚や果物が詰まっている。「お盆の料理を、おふくろがあんたに……。残りものだから食当りするかもしれんけどね」と、彼は照れくさそうに笑った。活動が忙しく、ほとんど家に寄りつかないとかで、わたしは那覇のアジトで何度も彼の顔を見た。「これはありがたい。一緒に飲もうか」と、わたしがさっそく肉を頰ばりながら誘うと、「いや、家に帰らんとね。せめて盆ぐらいはね」と彼はニッと笑い、窓際からはなれていった。そもそも卒業延期の処分を受けたのは、教員のなかの人民党員が、強硬に主張したからだという。本土における共産党員同様、沖縄の人民党は〝トロツキスト〟排除のためなら、警察権力との共闘でもなんでもする。まして〝革新共闘〟のなかで実践力を持つ党だから、与党風を吹かして教育委員会に圧力をかけることも可能で、生徒を処分しなければ……と校長に迫ったわけだ。

わたしは、照れ性らしい彼が言葉少なに、「せめて盆ぐらいはね」と言ったのを反芻し、闇の中で見た母親らしい人影を思いだす。青年のお母さんは、わたしが何者であるかを聞いて、盆だというのにひとりで淋しいだろうから持って行ってやれ、と言ってくれたにちがいない。そういえば青年は、十一日の軍裁粉砕闘争で逮捕され、二日間留置されたのだった。前原高校の女生徒刺傷事件の公判は、いちおう公開ということでひらかれたが、その軍事裁判を認めない県反戦の活動家たちは、学生と一緒に裁判所前でデモをしたからだった。東京などとおなじように、沖縄でも弾圧はきびしくなるいっぽうで、直接行動をとればすぐ逮捕する。お母さんは、久しぶりに帰宅した息子になにを語ったのか知らないが、エイサー見物のとき見かけた息子の知合いに、こうして盆の御馳走を振舞ってくれたのだ。

わたしは胸を熱くして、料理を味わい、泡盛を流しこむ。ひたすら食べ、ひたすら飲んで、わたしの八月十五日を過ごそう。考えるのは、明日のことにしよう。

仕上げが泡盛とあって、わたしはしたたか酔っぱらう。いつか、朝になっていて、もう八月十六日だ。ドアにさしこまれた新聞に気づいて、広げる。定期講読している『琉球新報』の八月十六日付朝刊には、次のような見出しの記事が並んでいる。

――本土政府・石油、アルミを問題視／既得権益が焦点に／外資企業・復帰後取り扱い検討へ／「かけ込み」にきびしい態度

――復帰と沖縄開発〝第五部〟／地方開発を考える②／座談会・財政との関連／中小企業を団地化・那覇／南方漁業の中継基地に・糸満／このシリーズについて、読者の皆さんからのご意見をお待ちします。沖縄経済開発への提言やシリーズについての批判など。形式は自由。

――三億ドルは困難か／対策庁　今週から沖縄予算に着手

――会期の再延長決める／立法院本会議　登録免許税法など可決

――第二兵たん部司令官にヘインズ少将が就任

——立法院文社委　今会期中に国民健康保険法立法化を／保険庁長が強調／復帰までには実現困難

——立法内政委　貴金属製品5％から15％課税に／通産局の見解表明

——私の意見　沖縄人の本土就職について（上）／三浦重俊／兼松トップ・メーキング株式会社専務

——どうなる教委会制度／復帰控え論議呼ぶ／〝残すべき〟と本土革新政党

——基本料金20セントに／タクシー運賃改定　通産局案／物価影響で各方面と調整中

——夏季手当二〇割台に　沖縄協が中間報告／昨年より三％アップ／平穏だったボーナス闘争／多くなる定額方式

——みやげ品免税拡大を／工業連合会、行政府に要請

——沖縄の農業と本土の農業　農林省が調査／大巾に低い農業家計／耐乏蓄積型の沖縄農業

——パイン青果　自由化を阻止／農林局長、18日に上京

——〝声〟米軍の沖縄人差別に怒る／平良市会議員と市長へ／テロ・暴力とのたたかい

――万国博　十九日から「沖縄の日」／万国博入場者また新記録
――軽すぎる量刑　女高生刺傷事件判決／上江洲区民が抗議声明
――三時間に二十件の交通事故　那覇署管内／ダンプ、バスが衝突／豊見城　乗客の婦人大ケガ
――与那原では二重衝突／女性運転手ら12人重軽傷
――きょうから原水禁沖縄大会
――県原水協が沖縄大会開く
――忍者グループ　こんどは読谷で強盗／二雑貨店から千ドル余奪う
――あなたも細菌たべている！／アイスクリーム類の検査結果／大半が要注意／一般細菌　基準の八千倍の製品も／厚生局　営業停止も辞さぬ
――とうきょう丸の入港は18日／台風9号の影響で避難

新聞を読んでいるうちに、次第に睡くなる。明かりが射しこんできはじめるが、カーテンを閉めるために身体を起こすのが面倒なので、わたしは八月十五日のニュースを伝えた朝刊で顔を覆い、わたしの八月十五日はそれでようやく終わる――。

（一九七〇年九月）

Ⅱ　娼婦と日の丸

〝沖縄人〟のベトナム戦争

主席選挙一色に塗りつぶされた沖縄で、一九六八年十一月四日に殺人事件が発生した。といっても、この殺人が、泥仕合いの様相を呈してきた選挙戦に関係があるわけではない。むしろ選挙とはまったくかかわりのない、アメリカ兵と沖縄の少年とのケンカのあげくに起こった、不幸な事件であった。

基地の街という特殊な環境から、沖縄の犯罪は〝六大都市並み〟に凶悪事件が多いといわれている。新聞の社会面には、かならず強盗や婦女暴行などの事件が報じられており、それは本土にしたところで同じことであるにもかかわらず、やはり受難の島での出来事であるだけにショックを受けずにいられない。まして、アメリカ兵と沖縄住民のあいだでの殺人事件と聞けば平静ではいられない。

わたしは最初、加害者はアメリカ兵だろう、と直感した。なぜか、そう判断した。しかし事実は逆であった。アメリカ兵数人と乱闘した少年二人が、アメリカ兵一人を刺殺し、もう一人に重傷を与えたのである。

「ほんとうですか?」と、わたしはそのニュースをもたらした人に、わざわざ問いかえした。

「ほんとうですよ。だけど、詳しいことはわからない」と、新聞記者であるその人は、怒ったように答えた。

そして、わたしたちは、黙りこんだ。沖縄の住民であるその人と、東京からの旅行者であるわたしとは、沖縄返還をめぐって意見をかわし、それが決して対話としてかみあわないことに、かなり苛立っていた。その気まずい沈黙のあと、彼が持ち出した殺人事件のニュースだったから、わたしたちはふたたび長い沈黙を必要としたのである。

いったい、どういういきさつによる殺人なのだろうか。わたしは、それを知りたいと思った。目の前の彼が新聞記者であるにもかかわらず、それを知ることができないのは、いかにももどかしい。しかし、「詳しいことはわからない」と言われた以上は、しつこく質問するのはためらわれる。だがわたしは、彼がそう言ったのは、この事件のことにあまりふれたくないからではないか、と想像した。もし加害者と被害者が入れかわっていたならば、彼が沈黙しているはずはない、とも思った。アメリカ兵の犯罪が、沖縄の住民をたえずおびやかしながら、しかしそれに対して裁判権はおろか、逮捕することもかなわぬくやしさについても、聞かされたばかりだったからだ。

だが、夕刊を買ってみて、詳しいことがわからないというのは、ほんとうであることがわかった。沖縄の二大紙である『琉球新報』と『沖縄タイムス』とで、報道がまちまちなのである。それを要約すると、だいたい次のようになる。

十一月四日の午前一時半または二時、コザ市の繁華街でアメリカ兵五人または六人と、沖縄の少年二人が口論をはじめ、少年二人は逃げたが、やがて追いつめられて逆襲、最初から持っていたか、または途中から持ちだしたかの出刃包丁で、アメリカ兵二人を刺して、一人を殺し一人に重傷を負わせた。アメリカ兵の知らせでMP隊のパトカー数台が現場にかけつけたが、その直前に加害者の少年二人はまっすぐコザ署に自首した――。

犯行時刻やアメリカ兵の人数がまちまちなのは、両紙の報道がくい違っているからである。加害者の二人の名前が書かれていないのは、少年だから当然の扱いとしても、被害者の名前が書かれていないのはなぜなのか。事件発生から夕刊のしめきりまで、ほぼ十二時間たっているのに、いかにもまどろっこしい。

しかし、これは両紙の記者が怠慢だとか、無能だとかいうことではない。自首した少年二人を逮捕したコザ警察署も、被害者をだしたアメリカ軍側も、堅く口を閉ざしてかんじんなことを公表しないため、記事はほとんど目撃者の談話によって書かれたというわけなのである。わたしは、コザ警察署の向かい側にある新聞社支局に行って、それを知った。火事の焼け跡見物に出かける野次馬みたいなうしろめたさはあったが、じっとしていることができなかったので、那覇から車で三十分のコザ市まで駆けつけたのである。少年二人が暴力団に関係しているらしいこと、被害者の二人が海兵隊員らしいことなどが、支局の記者たちの話でわかった。

「とにかく、警察当局も米軍側も、なにも公表しないんですからね。報道陣に対して、被害者の名前すら発表しないなんてバカな話がありますか。少年二人は、どうやら少年院を脱走した連中らしいんですが」

若い記者は、そう言って唇をかんだが、その彼がふと、ＭＰ隊のパトカーは犯行の三分後に現場に到着した、と洩らしたのを聞いて、わたしは意外に思った。

「しかし、少年二人は自首したんでしょう」

「そうですよ」

「たった三分のあいだに？」

「まっすぐ、コザ署に行ったんですよ」

犯行現場とコザ署とは、約三百メートルはなれている。少年二人が、どのくらいのスピードで走ったかは知らないが、とにかくMP隊が駆けつけたときには、すでにコザ署に自首して緊急逮捕されていたのである。暴力団に関係して、しかも少年院を脱走した少年だという。それが、ふつうの通行人がケンカにまきこまれて思わず殺人を犯してしまったときみたいに、大急ぎで自首するとはどういうことなのか。いくらなんでも、逃亡を試みるのが、このような場合の犯罪者一般の心理ではないのか。

「……ここは、沖縄ですからね」と、若い記者はもどかしげに説明した。「少年たちは、MPに逮捕されたらおしまいだ、ととっさに判断して、警察へ駆けこんだのだと思います」

そうだったのか、とわたしは胸のつまるような気持で聞いた。そして、納得できた。少年院脱走の少年にとって、うっとうしく厭《いと》わしい存在の警察も、アメリカ人と対峙した場合は、まぎれもない身内なのだろう。おなじ逮捕されるのなら、他人であり沖縄の支配者であるアメリカ軍よりも、警察を選ぶのはわかる。むろん、それは単に情緒論としてではない。アメリカ軍につかまれば、一方的な裁判にかけられ、一方的に処分されることが、過去の数々の例でわかりきっているからである。しかし、警察が少年をアメリカ軍に引き渡すのではないか、という話題になったら、居合わせた人たちは、みな暗い表情になって口をつぐんだ。四年前、やはり似たようなケースでアメリカ兵が殺され、加害者の沖縄住民は、日本人が一人も加わらない、アメリカ人だけの裁判にかけられた。こんどの場合も、警察が少年二人をアメリカ軍に引き渡さないという保証は、どこにもない。死んだアメリカ人には、確かに同情する。しかし、わたしはそれよりも、加害者の少年二人が、犯行の直後に警察署へ駆けこんだ、その行動を思うと、やりきれなかった。

とにかく、この事件のことをもうすこし書こう。

わたしは、犯行現場を教えてもらい、そこへ行ってみることにした。中部のコザ市は、B52の発進基地である嘉手納飛行場に隣接し、この都市もまた半分以上が軍用地で占められ、街頭はアメリカ兵でいっぱいなのである。時刻は午後九時ごろだったが、すでにアルコールがまわったアメリカ兵たちが、奇声をあげ、あるいは無言で千鳥足に歩き、ネオン街は雑踏している。何軒あるだろうか。クラブという看板の店が、通称ゲート通りの両側に二〇〇メートル以上も目白押しに並び、懸命に呼びこみをしている。クラブというが、いわゆる特飲街で、アメリカ兵たちはここで女給たちと交渉をし、話がまとまればすぐ店を出て、裏通りのホテル街へ直行する仕組みだと聞いた。

殺人現場は、その特飲街のはずれの、玉突き屋だった。店は営業していたが、アメリカ兵たちが十人余りいるだけで、覗きこんだわたしにうさんくさそうな目を向ける。特飲街を歩いたときもそうだが、わたしは明らかに異分子で、どこかアメリカの街に、たった一人放り出されたような不安な気持だった。臆病者のわたしは、逃げ出したい気持をおさえるのが、まず一苦労だった。暗がりに、女がたたずんでいる。わたしが近づいていくと、ちょっと首をかしげるしぐさで迎えた。

「遊ぶの？」と、女が言った。

「ゆうべの事件、あんたは見なかった？」とわたしはたずねた。

「知らんわ」と、女は首をふった。

「話してくれるなら、あんたの客になるよ」

「ばかね。うちは、遊び専門よ」

女は、どこか自尊心を傷つけられたような表情をみせて、すっと路地へ入っていった。わたしは、自分の言葉が確かに嫌らしいものであることに気づき、黙って見送った。話を聞きたいのなら、まず客になってから切り出すのが、彼女に対する礼儀というものだ。特飲街のはずれには、街娼が多いと聞いていた。わたしは、しばらくそのあたりをうろついてみたが、しかし、誰も声をかけてこない。いや、姿さえ見えない。そういえばCPとかMPとかの腕章をつけた二人組が、ひんぱんにパトロールしている。きのうの事件の直後だけに、警戒を厳重にしているから、街娼も仕事がやりにくくなったのかもしれない。

玉突き屋の斜め前に、大きなクラブがある。呼び込みの男が、さっきからうろついているわたしをジロジロ見ている。商売の妨げになって悪いと思ったが、声をかけてみた。

「あんた、ゆうべ見なかった？」

「これかい？」

呼び込みの男は、刃物を腰の位置に構えるポーズをとって、わたしのほうへこぶしを突き出した。

「そう、殺人事件……」

「あんた、だれだい？　新聞記者かね」

「野次馬だよ」

「物好きだね。おれは見なかったけど、うちのコは何人か目撃しているよ」

わたしは、ヌードショウのけばけばしい写真がはり出してある、玄関の看板を見た。うちのコ、というからにはこのクラブの中にいる女給たちだろう。

「はいれば、話が聞けるかもしれんよ」

「はいっていいのかい？」

「邦人も歓迎ですよ」男の言葉づかいがていねいになった。「Aサインだけど、ビール一ドルですから」

ドル、という言葉を聞いて、わたしはさらにたじろいだが、しかし思いきってはいってみることにした。

中は、なるほどクラブというつくりで、正面にバンドが陣取って、ダンスのためのフロアがあり、そのまわりにぎっしりテーブルが並んでいる。東京でも地方都市でも見受けられる、なんのへんてつもない店だが、変わっているのはわたし以外の客は、すべてアメリカ人ということだった。

「お飲み物はなに?」と、さっそくわたしの横へべったり坐った女が聞く。

「ビール」と、わたしはいくぶん上ずった声で答えながら、向こうのテーブルにいるアメリカ人たちがこちらの様子をうかがっている気配なので、思わず肩肘を張って睨みかえしていた。

網タイツをはいた女が、ビールを一本持ってきた。そして、黙って手を差し出す。最初なんのことかわからなかった。

「一ドルちょうだい」と、横に坐った女が言った。「ビールは一ドルなのよ」

わたしは、あわてて財布を出した。これがアメリカ式会計というやつなのか。ビルの屋上のビヤホールでなら、チケットと引き換えたことはあるが、この種の店でビールと現金を引き換えるのは初めてだ。

「Aサインって、なんのこと?」わたしは、玄関で呼び込みの男から言われた言葉を思い出して聞いた。

「どうして……」横の女は、当然知っているはずのことをなぜ聞くのかと、わたしの質問にとまどった風だったが、Aサインというのはアメリカ軍が定期的に店内の衛生状態を検査して、これなら兵隊が出入りしてもかまわない、とするお墨付であることを教えた。

「あたしも、Aサインよ」と、女がビールを注ぎながら笑った。

「衛生状態はいいわ」

「検診を受けているというわけ？」

「そう、自発的にね」

ここは、特飲街なのだ、とわたしはあらためて自分に言い聞かせながら、ビールを飲んだ。アメリカ軍にとって怖ろしいのは、食中毒より、性病であろう。Aサインのもう一つの意味を思いながら、わたしは味がいくぶん違うビールを飲んだ。「オリオンビール」といって、沖縄製なのである。

「ゆうべの殺人のことだけど……」

「ゆうべじゃないわ、今朝の二時十五分よ」

横に坐った女が、しゃべりだした。彼女はMP隊のパトカーが来てから、死人とケガ人を運んで行くのを見たのだという。

「ケンカのいきさつは、わからないのかな」

「Kちゃんならわかるわ」

「聞きたいんだけど……」

「いいわ、呼んであげる」

横に坐った女が、腰を浮かしてあたりを見わたした。五組か六組、テーブルがふさがっていて、そのどこかにいるらしいが、しかし突然あたりが暗くなって、正面のフロアにだけ照明が当てられた。

「ショウが終わってからにしてね」

言われて、わたしは入口に飾ってあったヌード写真を思い出した。やがてフロアに長椅子が持ち出され、女が身体を横たえ、バンドの演奏に合わせて、いろいろな姿勢をつくってみせる。わたしは、これまでなん度も、そんなショウを見ている。そして、たぶん人並み以上に、そういったものに好奇心を持つ。しかしこのときだけは、なにかしらいたたまれぬ思いだった。

「あら、もう催したのね……」と、女が落ち着きを失ったわたしを、露骨な言葉でからかう。

「いや……」

いつもなら、そうだ、あっちのテーブルの若いアメリカ兵のように、踊り子に口笛を吹き、卑猥な野次をとばすことだってやりかねないわたしだが、むしろ目を伏せてしまった。まぎれもない同胞が、アメリカ人の前であられもない姿勢を演じていることの屈辱。わたしの感情は、おそらくそういうものであったろう。そして女給たちは、刺激を受けたアメリカ兵たちの性欲のはけ口として、やがていそいそついて行くというわけか――。

　ばかばかしい。いつのまに、自分は滑稽な民族主義者になったのだろうか。わたしは、そんな自分を笑ってみるが、しかしこの屈辱感だけは、どうしようもない。そのうち、閃光《せんこう》がひらめいて、思わず顔を上げたら、ストロボ装置をつけたカメラを持ったアメリカ兵が、踊り子が身体をくねらすのを、撮影しはじめたのだった。現像され、焼き付けられた写真が、どのような構図のものになるか、わたしの位置から容易に想像できる。踊り子は、カメラの注文にこたえて、いっそう卑猥なポーズをつくる。アメリカ兵は、この写真をどこへ持って行くのだろう。戦場での、せめてもの慰めとするのか、それとも本国の沖縄を知らぬ連中への土産品にでもするのか。わたしは、ひたすらショウが早く終わるように念じるだけだった。

　Kちゃん、という女給の話がどこまで信用できるか、わたしにはわからない。しかし、聞いたとおりのことを書いておく。

　少年二人は、やはり少年院の脱走者という噂で、このごろ近くでよく見かけるようになった。新聞に書いてあったとおり暴力団に関係していることがわかる、いわゆるチンピラだった。その日、ふざけあって二人が、道ばたに寝ころがっていた。すると通りかかったアメリカ兵たちが、「お前たち、乞食か」と言ってからかった。少年たちは、英会話ができるのであろう、侮辱されたことを怒り、言い返して、口論になった。やがてなぐり合いになり数の上で優勢なアメリカ兵に痛めつけられ、少年二人は玉突き屋の前まで逃げた。するとアメリカ兵たちが深追いして、ここでふたたび乱闘になり、刃物を持った少年たちが刺した……。

「ずっと、見ていたの？」

「そうよ、見てたわよ」

しかし、第一現場の路上と、刃物を持ち出した第二現場の玉突き屋とは、だいぶ離れている。彼女がケンカの発端から結末までを見ていたとすれば、当事者たちと一緒に走ったことになる。

「乞食、って言ったの？」

「そうらしいわ」

「直接には聞かなかったわけだね」

「だけど確かだわ、ケンカした海兵隊《マリン》の仲間が言ってたもん」

「なぜそんなことしたのかなあ……」

「二、三日うちに、ベトナムへ帰るはずだったのよ、殺された彼……」

いつのまにか、わたしのテーブルには女性の数がふえていて、Kちゃんが同意を求めると、みんないっせいにうなずく。

「それも、兵隊仲間に聞いたのかい」

「そうよ」

「残念だなあ。ぼくも英語がしゃべれたら、誰かアメちゃんをつかまえて聞いてみたいところだが……」

「しゃべらないわよ、誰も。事件のこと、話題にしちゃ、いけないんだって」

「じゃあ、あんた、どうやって事件のことを耳に入れたの？」

わたしはつい、詰問調になった。するとKちゃんは、ちょっと鼻白んだが、すぐ笑いにまぎらした。グループでやってくるアメリカ兵の客たちが、店でしゃべらないとしたら……聞けるわけがない、と、わたしは思ったのだ。しかし、ここは特飲街なのだ。わたしはうっかりしていた。彼女らは、ベッドで二人きりになったとき、話題にしたのではないか。

「でも、可哀想ね、ベトナムなら、おなじ死んでも名誉の戦死にされるのに……」

他の女性がつぶやいて、それでまた、Kちゃんが口をきいた。

「まさか、刃傷沙汰になるとは思わなかったのよ、死んだ彼は」そして彼女は、どこかわたしに挑む感じで言った。「ベトナムへ帰りたくなかったのね。だから、沖縄でちょっとした事件を起こして、時間をかせぎたかったのよ」

鈍感なわたしが、意味をはかりかねていると、まわりの女性が口々に補足説明した。沖縄で事件を起こせば、取調べでしばらく身柄を拘束されるため、それは戦場へ戻るのをおくらせる効果があるから、それを試みるアメリカ兵が意外に多いというわけだ。

「すると……」

わたしは、絶句した。少年二人は、まんまと挑発にのってケンカをおっぱじめ、あげくに殺人を犯したことになる。これが事実なら、少年は加害者であると同時に被害者ではないか。やりきれない思いがいっそう重く、わたしを沈みきった気分にさせた。このクラブの女性たちの話がどこまで事実をとらえているか、わたしにはわからない。この原稿を書いている時点でも、まだ警察もアメリカ軍も沈黙を守ったままである。しかし、アメリカ兵を刺した後、いっさんにコザ警察署に向かって、自首のために駆けた少年二人の姿が、わたしの想像のなかで黒く焼きついて消えない。

コザ市の、そのクラブを出て、わたしは那覇の宿へ帰るため、タクシーに乗った。運転手に、少年の犯罪の話をして感想を求めたら、それには答えず、「白人と黒人のケンカがしょっちゅうあるんですよ」と話をそらされた。そして、コザ市の歓楽街は、白人街と黒人街に分かれていることを教えられた。そういえば、わたしが歩いた一帯で、黒人をほとんど見かけなかった。それは白人街だからで、もし黒人がそのうちの一軒に入ろうものなら、たちまちケンカが始まるというのである。

「黒人街ですか……」と、わたしは何気なくつぶやいた。白人街と黒人街があるということは、どこかでなんとなく聞いてはいたが、さっきまでのわたしは、ただアメリカ人があまりにも多いのに圧倒されて、黒人とか白人とかを区別して考えるどころではなかったのだ。

「行ってみますか。これも、話のタネになりますよ」

「そうですねえ……」

わたしは、あいまいに答えた。どう、リキんでみても、いまのわたしは本土から来た、ただの観光客でしかないのだ。そこで心得顔に、運転手はUターンした。それは、寄り道をしてメーターが上がることを願うのではなく、親切心からであることが、すぐわかった。黒人街なる一角でとめて、歩いてごらんなさいとすすめられたからだ。

「このまま、乗って行きます」と、わたしは言った。

「やっぱり、気味が悪いでしょうな」と、運転手がふたたび心得顔にスタートした。

「いや……」

疲れているからだ、と言おうとしたが、わたしは口をつぐんだ。いわゆる白人街にくらべて店の数も少ないし、なによりも薄暗く、タクシーのライトに歩いている黒人たちが浮かぶ程度で、さっきの繁華街で感じたとはまた別な意味で、圧倒されるものを感じた。タクシーの窓から見ただけで、店の中そのものも粗末であろうと想像できる。たちまちわたしは、重苦しい気分に戻った。

「タクシーに乗せても、なんとなく黒人はいい気持がしませんなあ」

「どうして？」

「ノーペイが多いんですよ」

「えっ？」

「タダ乗りですよ」

「そんなものかなあ」

白人街にくらべて暗く店の数も少ない黒人街を、すでに通り抜けていた。わたしは、戦場に戻るのを嫌って、それを沖縄の住民とトラブルを起こすことで実行しようとした卑劣なアメリカ兵が白人であることを告げようか、と思った。しかし、それもまた裏返しの差別であることに気づき、無駄口をきかないことにした。

「これまではよかったが、これからが大変なんですよ。黒人には、閉口します……」

運転手が話しかけ、しばらくなにを言おうとしているのか、わからなかった。だが、彼が言っているのは、黒人の体臭のことなのだ。十一月下旬からは、走るとき窓ガラスを閉めきらねば寒い。窓ガラスを開けて走れる気候のときはともかく、密閉すると黒人の体臭が強烈でやりきれないというのである。

「三人乗られると、もうお手上げですよ。しかし、くさくてもアメリカさんですから、乗車拒否というわけにはいきませんしね」

運転手の話を聞きながら、わたしは昼間から話しこんでいた人の言った、本土の人間が戦前の沖縄県民に加えた数々の差別のことを思い出していた。いたるところにみられたという「朝鮮人と琉球人はおことわり」という看板の話も、べつな人から聞かされた。

「吉原に行ってみませんか……」と、運転手がすすめた。

「吉原ですか？」

「まあ、沖縄人街というところですな」

白人街、黒人街、沖縄人街……。いずれも、特飲街なのである。そして、タクシーはその一帯を走り抜けたが、そこは黒人街よりさらに暗く、料亭、サロン、バーなどの看板が並んでいても、店のかまえはいずれも海水浴場の食堂街みたいに貧弱だった。

「遊びで最低三ドルですからね。ただし本土からのお客となると吹っかけますから、用心しなければね」

わずか三ドルの代償で身体を開く女性たちが、格子窓から顔をのぞかせている。十年くらい前、こうしたたたずまいの赤線街をひやかして回ったことが、ふと思い出された。しかしいまはとても、あの頃の無邪気さを取りもどして、ここを歩くことはできそうにない。

結局、わたしは那覇へ向かわず、嘉手納村でタクシーを降りた。ここは人口一万五千人の村だが、なんと面積の八七・七パーセントを軍用地にされている。アメリカ軍の航空基地としては最大で、三分間に一機ずつ飛行機が発着する。そして、なによりもＢ52の発進基地なのだ。

「せっかく沖縄に来たのなら、Ｂ52を見なければね……」

運転手にそう言われ、わたしはもう、親切にされるのがうっとうしくなったが、しかしどうせ自分はただの観光客なのだ、なんのかのと言っても沖縄の人には野次馬としか映らないのだ、という思いにとらわれて、またもやあいまいにうなずいて、Ｂ52見物に出かけたというわけなのである。

飛行場内部は、あかあかと照明があるようだが、住民区域一二・三パーセントのほうはろくに街灯もなく、商店街の一角を除けば、なんともうらびれた印象ではある。輸送機が民家に墜落して死者七人を数えたり、井戸に油が流れこんで燃えたりする基地公害がたえない村だが、騒音防止のためとかいって、金網のあちらには土手が築いてあり、したがって民家の屋根によじ登ったくらいでは、飛行場は見えない仕組みになっている。それでも巨大な爆撃機だけは、尾翼だけが土手からハミ出して、それはちょうどサメがヒレだけ覗かせて泳ぐさまに酷似しており、やっぱり眺めとしてもいい気持のものではない。

ジョンソン大統領の北爆停止指令もものかは、あいかわらずサメの群れは姿を消さず、どこへ用事があるのか、ときどき飛びたって行くという。「沖縄人は金網に囲われて暮らしている」と、こちらへ来て何人もの人がそう言うのを聞いたが、それはただ文学的な表現なのではなく、実際にこうやって金網にそって歩いてみると、実感できる。私事をいえば、広島市に原爆が投下された当時、市内からはある程度はなれた郡部にいたが、閃光とキノコ雲をこの目で見、また直後の惨状を知るわたしの肉体には、核アレルギーなるものが温存されていて、土手越しにシッポだけを見せる巨人機があるいは核兵器を抱いているやもしれぬと思うと、誇張ではなくガイガーカウンターのごとく、胸の鼓動が早鳴る。

もっとも沖縄へ来てすぐ、「核つきの、核ぬきのと返還方式があれこれ言われているようですが、本土に核兵器が持ち込まれていないという保証がありますか」とある人に言われた。まさに、サメのヒレを目撃してはじめてわが内なるガイガーカウンターが鳴るとは、やはり感度が相当にぶっているのだろうか。そんなことを思いながら歩いているうちに、わたしは歩き疲れ、ちょうど目の前にひらけたネオン街だったので、その一軒に飛びこんだ。

時刻は十一時半を過ぎていて、やはりクラブという看板だが、バンドのかわりに大きなジュークボックスが据えられた店内には、アメリカ兵たちが十数人いた。女性たちを除けば、日本人客はわたしだけで、ここでもわたしはひるむものをおぼえたが、やたら咽喉が乾いたことでもあるし、薄暗い一角に席を選んだ。

「あと三十分で終わるけど」と、アメリカ兵たちとははなれたところに、ぽつんと一人で坐っていた女が来て言う。

「飲めないのかな」と、わたしはやんわり断わられるのかと思って立ち上がりかけた。

「アメちゃん専用というわけかね」

「そうじゃないのよ……」

黒ずくめの服装をした彼女は、意味不明の笑いを浮かべて、べつな一人にわたしの注文を伝えた。ここでも、ビール一本ごとに一ドル紙幣を払わされるのかと思ったら、そうではなく、後でわかったが、空瓶を必ずテーブルの下に並べておき、ちょうどヤキトリ屋の勘定が串を数えてされるみたいなやりかたであった。

「あんた、日本人でしょう」と、黒ずくめの服装の彼女が言う。

「そうね、沖縄人じゃないみたい」と、こちらは白ずくめの服装で肌が異様に黒くみえる、ビールを運んできた彼女が腰を下ろしながら言った。

「……東京から来たけど」

わたしは、口ごもりながら答えた。日本人と沖縄人という言いかたを耳にしたのは、これが初めてだ。それまで、「日本ではこうだが、沖縄の場合は……」という言いかたをして、沖縄が日本ではないみたいな口ぶりをする本土の人間には、わたしは口やかましく、言葉づかいとして正確を欠くじゃないか、と訂正を求めていた。しかし、彼女らにはなんと言えばいいのか。

「なにしに、沖縄へ来たの？」

「商売かな？」

「いや、選挙を見物に来たのさ」

わたしは投げやりに答えたが、しかしそれは本音でもあった。こんどの選挙戦の最中に沖縄の民衆がどんな表情をみせるか、それをルポするのがわたしの目的のひとつであったが、沖縄へ来てすぐ、自分はしょせんただの野次馬でしかないことを思い知った。他でもない、東京から続々と乗り込んでくる議員や文化人や芸能人などの応援ぶりを見ていたら、ひどく恥ずかしくなってきたのだ。「ニシメさんをよろしく」「ヤラさんこそ沖縄に必要な人です」などなど、両候補を応援する人たちは、その声を耳にする沖縄の民衆に、どう責任をとるというのであろうか。

むろん、ただ愛想をふりまくだけの歌手や野球選手を動員する保守派と、たとえば大江健三郎さんのような誠実に沖縄問題と取り組んでいる作家の講演を折り込む革新派とのあいだには、その実質において格段の違いがある。しかし、選挙の応援のために乗り込むとき、大江さんにとって沖縄とはなんであるのか。革新共闘会議が街頭で配るちらしに「私たちの主席にヤラさんを推薦します」とあり、そこに著名人たちの名前が並んでいるが、それら学者や作家や評論家たちは、大江さんをふくめて全部が本土在住者なのである。署名者たちは、私たちの主席と刷り込まれていることを承知しているのであろうか。署名者たちにとって、私たちの主席というのは、まぎれもなく佐藤栄作その人ではないのか。わたしをふくめて、私たちの佐藤栄作の沖縄政策を変えさせるために、署名者たちがどれほど努力をしているのか。沖縄を自分の問題として考えるのなら、そして〝即時無条件返還〟を言うのなら、本土在住者たちはそれを佐藤栄作と対決することで果たすべきではないか。

あいかわらず日の丸を胸に「甲子園で興南高校が逆転勝ちしたように……」などと、上等でないヒユを用いて自民党候補を応援してまわる石原慎太郎さんや、「西銘さんはいい人です」とくりかえす大空真弓さんはいかにもいい気なものであるが、無責任といえば、ちらしの署名者たちもまた同断ではなかろうか。「太平洋戦争の末期、沖縄は日米最後の決戦場でした。そのため、沖縄県民がどれだけ犠牲を払わせられたか……。そして今度の選挙は、日米激戦から、本土の保守と革新の激突にかわって、沖縄の人間は代理戦争をさせられているようなものです」と、きっぱり棄権すると言いきった、あるインテリの言葉が忘れられない。

「選挙ねえ……」と、二人は顔を見合わせる。

「関係ないもん」

「未成年というわけか」

「まあね……」

二人は、けたたましく笑った。わたしは、たぶん十代と思われる二人の女性に、さっきの日本人と沖縄人という言葉の件を持ち出してみた。

「あら、ウチらみんなそう言うよ。大人は、日本人のことをヤマトンチューというけど」と、一人が言う。大和人、というわけだ。

「ジャパニーズ、と言う人もいるわ」と、もう一人が言う。

さすがに、ジャパニーズには驚いた。そして、わたしが苦笑しているうちに、彼女らはさらにわたしを驚かせた。

「ウチ、混血だわさ」と、黒ずくめの服装のほうが言いだしたのだ。「日本人と沖縄人のさ」

「ウチ、わかるでしょう」と、白ずくめの服装のほうが、いくぶん陰湿に言った。

「沖縄人とニグロのね……」

わたしは、なんと言っていいかわからず、どこか軽快な調子でしゃべり続ける彼女らの話に、ただ耳を傾けていたが、黒ずくめの服装のほうがマサエちゃん、白ずくめのほうがノブちゃんであることがわかった。しかし、彼女ら同士の会話になると方言がでてきて、わたしにはほとんど意味が解せず、また陽気に声をかけていくアメリカ兵たちとは、英語で応答するというぐあいで、二人がいともあっさり沖縄人なる言葉を用いたのが正しいことであるかのような錯覚さえ抱いた。「ユウジローに、やっぱり似ているんだね」

「シンタローを見たわさ」と、ノブちゃんが言った。

黙りこんだわたしに悪いと思って選挙の話を持ち出したもののようだった。このごろ東京では、客のほうが酒場の女性の機嫌をとってサービスする傾向があるが、沖縄ではあくまでも女性のほうが客の顔色を読むようで、それはタクシー運転手がやたら親切であることからもうかがえるように、島全体がサービス業といった印象の沖縄の人たちに身についた、哀しい習性ではないのか。いや、それは本土の地方都市や農村地帯にはまだ残っている、素朴な人情と解すべきかもしれない……などとわたしが考えていたら、こんどはマサエちゃんのほうが言った。

「ウチは、オオゾラマユミを見たよ」

「なんて、演説していた？」

「大いにまたはっぱいなさい、って」

「え？」

方言を持ち出されて、わたしは思わず問い返した。二人は、しきりにおかしがって笑い、ようやく説明してくれた。それは、応援弁士の女優が言うはずもない言葉で、マサエちゃんの冗談であることはすぐわかったが、わたしは大笑いしたものの、いつかその笑いが凍りつく思いだった。その方言は、大いに股を広げなさい、という意味だったのである。

パイン畑の主席選挙

選挙が終盤戦に入ったころ、わたしは宮古島へ渡った。那覇から飛行機で五十分、約三百キロ西南にある宮古島は、七つの属島を持っていて群島の人口が約十四万五千人である。もう一つの八重山群島をふくめて、沖縄では先島《さきしま》というが、宮古島は軍事基地にはほとんど関係なく、通信隊が二百人余り常駐しているだけである。宮古本島は、平良市という都市の名が示すように、いちばん高い丘が百メートル余という平べったい島で、この秋の台風（六八年九月二十二日）で大被害を出したのも、風を遮るなにものもない丸裸のせいで、ただサトウキビ畑だけがどこまでも続いている。

自分で中古車を買い、タクシー会社の名義だけを借りて営業しているという、十九歳の青年に案内してもらって、半日がかりで島のすみずみまで回って料金が七ドル五十セントであった。青年は海岸線の美しさを誇り、また夜になったら必ず行くべきであるといってまだ扉を閉じているバー街をわざわざ通り抜けたりした。ここでも観光客としてもてなされ、わたしはそれでも未練がましく、沖縄の本土復帰はいかにあるべきだと思うか、また、主席には誰が当選すべきだと思うか、などなど話しかけたが、青年は「こういう商売をしておると、うっかりしたことは言えないさね」と、とりあわない。そういえば、独特の調子をもつ琉球民謡をスピーカーで流しながら大型トラックが近づいてきて、荷台には人がぎっしり立っているのでなにごとかと思ったら、これは候補者を支持する人々のデモンストレーションなのであった。青年が重い口を開いて、立法院議員候補の保守派が四万ドル、革新派が一万ドル使うらしい、と言ったのは話が大きすぎると思って聞き流したが、あとで新聞社の支局の人に聞いたら、むしろ金額はもっと大きいのではないかという説明だったのである。

よく言われることだが、沖縄の選挙は血縁、地縁がものをいうという。新聞の死亡広告を見ても、本土の場合は直接の遺族や友人代表の名前がせいぜい十人並んでいる程度だが、沖縄ではずらりと百人以上も名前が列記されるのがふつうのようだ。それだけ血のつながりが重んじられるわけで、選挙にもなれば一族がまとまって意思表示をするといわれる。だから買収がつきものだというのであり、たとえばこんなエピソードがある。

ある選挙参謀が、買収でかたをつけようと思って、部落のボスに交渉をした。一人十ドルで百票はまとめてみせるというので、千ドル渡した。すると部落のボスが、投票前日になって三十ドルだけ返しに来た。百人の約束をしたが、どうにも九十七人しかまとめられなかったので、としきりに恐縮する。開票してみたら、部落のボスが言ったとおり、その開票所からはぴたり九十七票出たという。あるいは、こんな話もある。五ドル握らせて、かならず投票すると約束させた老婆がブローカーに金を返しに来た。どうしたのかと聞いたら、相手候補から七ドルもらったのでそっちに投票したいという。しかたないから二ドル追加したら、またやって来て金を返すという。事情をきいたら、相手のところへ返しに行ったら十ドルに値上げしたので、という次第。老婆は、ちゃっかり吊り上げるために競市みたいにやったのではなく、やっぱり多くもらった方に投票しなければ悪いだろうと、誠意のかぎりを尽くしたのだとか。

悪名高い、人頭税石というのも見たが、これは四尺七寸とかで、男がこの石と同じ背丈になれば税金をかけるというやつである。沖縄の首里王府が一六三七年から実施して、琉球処分後も引き継がれて一九〇三年（明治三十六年）にようやく廃止されたとか。沖縄が薩摩に苦しめられたように、宮古群島も八重山群島も、沖縄本島に苦しめられた歴史をもつ。ところで人頭税だが、それは四段階に分けられており、上男が

21～40歳、中男が41～45歳、下男が46～50歳、下々男が15～20歳であったという。上男が責任耕地がいちばん広いわけで、とにかく耕せ、耕せと、どやしつけられる。

宮古群島の総面積中、五三パーセントが耕地というわけなのは、こういう悪法の遺産であるが、わずかなサツマイモを除けば、あとはすべてサトウキビだ。「キビは砂糖工場へ売って、サツマイモは牛と馬のエサさね」と青年がこともなげにいう。「米はどうするの」と聞いたら、「さあ……だけど、イモは食っておらんさね」という返事。あとで宿のゴハンをしげしげと観察してみたが、これは戦後われわれに評判の悪かった〝外米〟、つまりアメリカ産のようであった。

とまれ、耕せ耕せといわれるのに耐えきれず、島民の多くがすすんで名子《なご》という、士族や豪農のドレイになった。しかし部落ごとに人頭税の割当てだけはあるから、逃亡者が出ればそのぶんだけ残った者の荷が重くなるわけで、監視機構は発達するし、結婚といえば昭和に入るまではほとんど部落内のつながりだけだった。

「だから選挙も血縁、地縁がまず第一番ですよ」と、平良市のインテリが説明する。

「基地経済とは無縁だから、復帰論に経済的なことをとやかく言わずにすんで、革新有利というわけにはいきませんか」

「そうはいかないですねえ。基地公害はないし、沖縄本島へ出かせぎに行った連中からの仕送りは基地のおかげ、と考える人もあるわけで、選挙の争点はぼやけています」

沖縄とひとくちに言いかけたが、宮古には宮古の、八重山には八重山独自の問題がある。それにしても平良市内はともかく、海岸地帯の家並みの貧しさは、目をおおわしめるものがある。風に耐えるため、ブロック建築が多いのだが、まるでトーチカのような構造で、くやしいが羽田線のモノレールの窓から見る大井競馬場の馬小屋のほうがはるかに立派だ。それでもブロックが積めるのはいいほうで、急ごしらえのカヤぶき小屋に暮らしている人もいる。九月下旬の台風の被害で、電線がズタズタになっており、いまだランプ暮らしを余儀なくされ、灯台さえ光をつけることができない。

台風の死者が三人だが、二人はカツオ節小屋を補強しようとしているとき、カツオ節の山がくずれて圧死。一人は仮設住宅ごと吹き飛ばされて死んだ。この仮設住宅だが、これは二年前の台風でやはり大被害を受け、本土政府の援助でトタンぶきの仮設住宅を約八百つくった。引き続き補強して、いちおう家らしくなったのが約五百、しかし残りの三百は仮設住宅のままで今度の台風を迎え、そのほとんどが吹き飛んだ。台風は毎年来るものだが、二年間も仮設のまま放っておかれたのでは吹き飛ぶのはあたりまえだ。空前の繁栄だの、一等県への躍進の足がかりだのと、基地経済をたたえる演説を那覇ではたっぷり聞かされたが、宮古の惨状はどういうことになるのか。

主席・立法院議員選挙の投票日、わたしは石垣島に行った。その日の昼ごろまで、沖縄本島の那覇市内ではなんとはなしに投票風景を見物し、その異様なほどの興奮ぶりにこちらまですっぽり包まれてしまい、どうにも落ち着けなくなってきたため、数日前の宮古島行きのとき飛行機便の欠航で足を伸ばせなかった八重山群島行きを、急に思いたったのだった。

沖縄本島から約四百キロ余りはなれている八重山群島は、この石垣島を中心に、宮古群島と台湾とのあいだに連なる大小十九の島をいう。十一月中旬だというのに夏のような暖かさで、午後三時過ぎに着いて、暗くなるまで島を一周することにしたが、そのときタクシーのラジオが、投票率は九十パーセントを越すのではないかというようなニュースを流していたかと思うと、急に意味不明な言葉で喋りはじめる。最初なんのことかわからずびっくりしたが、これは放送局がべつべつなのであって、ニュースのほうは沖縄本島からの電波、意味不明なのは台湾からの電波というわけであった。八重山という名前が示すように、石垣島は宮古島のように平べったい島ではなく、山あり谷ありで、タクシーが那覇からの電波の死角に入ると、ダイヤルを動かすわけでもないのに、距離的に近い台湾からの電波が飛びこんでくるのである。

八重山群島のはずれ、ということは日本の最南端に位置する与那国島からは台湾はもうすぐで、晴れた日には蜃気楼現象で手にとるように見えるとか。壱岐島へ行ったとき、朝鮮戦争の際には大砲の音が聞こえたという話を聞かされたが、日ごろ国境というものを具体的に感じることのない生活を営んでいる日常感覚の身には、まぎれこんだ異国のラジオ電波ひとつでも驚きなのである。石垣島ではパイン栽培が盛んで、重なりあった山々がていねいに耕されて、一面にパインが色づいている景色はまさに南国を感じさせる。タクシーの運転手が、パインは二期作で半年ごとの取り入れが終わると缶詰工場がフル稼働を始める、というような話のついでにふと、「その時期には、台湾から千人も二千人も出稼ぎに来ますよ」と言ったのを聞いて、びっくりした。

どうもびっくりすることが多く、おのれの無知をさらけだしてばかりだが、台湾から出稼ぎ労務者がやって来ることなど、想像してもみなかったのである。宮古群島とおなじように、八重山群島も出稼ぎの島で、若者や壮年の多くは沖縄本島へ出て行き、残された年寄りや子供が農業を続けながら仕送りを待って暮らしているケースが多いと聞いていた。たしかめてみると、それはまさにそのとおりだが、沖縄本島への出稼ぎというのは基地またはそれに付随する業種がほとんどだからシーズンオフというものがなく、パインの取り入れだからちょっと帰省してきます、というわけにはいかない。すると決定的に人手不足になる収穫期に、すぐ近くの台湾からの労務者を迎えることになるわけだ。

タクシーは、パイン畑が一面に広がるあたりを、尻をふりながら走る。石垣に囲まれた家並みがときどき目に入るが、子供たちが遊んでいるほかは人影が見えないのは、やはりラジオの開票速報のせいなのか。子供たちといえば、水たまりで素裸の何人かがバチャバチャやっていたり、シャツひとつで駈けまわっていたり、十一月中旬だというのに本土でいえば真夏のような光景だった。子供たちはどこでも、肌に余計なものをくっつけるのを厭がり、とりわけハダシを好むものだから、そのことをあげつらって貧しさをいうのは筋違いだろう。しかしカヤぶき屋根の家はたいてい一間きりで、南島の特徴である用途別に独立して台所と物置専用の建物が並んではいるが、それにしてもいかにも狭い。大家族でもみんな一間に寝起きするわけで、きのう運転手が「だからガキが早くから色気づきます」と笑っていたように、夫婦生活のプライバシーもなにもあったものではない。

パイン畑のあちこちに点在する貧しい家並みを見て、那覇市の〝奇跡の一マイル〟の裏通りを思い出した。貴金属類や高級腕時計を陳列したその大通りから一歩横に入って行ったら、まず市場があるが、通りの真ん中にしゃがみこんだおばさんたちが鶏や豚の肉を広げて、客の注文に応じて切り売りしていたり、たぶん自分の畑の産物なのだろう野菜の籠をひとつ両足にはさんでつっ立っている老婆が目につく。そこを抜けると、「渚」だの「ハリウッド」だのシャレた名前の店が並んでいるが、そんな店にはさまれた駄菓子屋同様に軒も低くバラック同様の建物で、いわば人肉市場の特殊飲食店なのだ。その一帯のさらに裏通りに入ると、ここはスラム街で、溝には汚水があふれトタン屋根は風もないのに鳴っているというぐあいだ。

〝奇跡の一マイル〟のすぐ裏側に、そういう表情がある。わたしにとって高価なとても手の届かない果実という印象が強いパインが一面に実っているのを目のあたりにした石垣島で、とても豪華な気分にひたりたいところだが、その贅沢品を生産する農民たちの、およそ豪華とは縁遠い生活ぶりばかりが気になる。タクシーは悪路の故に尻をふるのだが、カメラを構えて窓の外を撮ろうとするのをあたかも牽制《けんせい》するかのようで、停まってくれと頼むのもはばかられて、わたしはあきらめた。

「パインをつくっている人は、開拓者が多いんですよ」

ふと職業意識が目ざめたのか、運転手は観光ガイドふうな説明をしたが、それでわたしは、あっ、と思った。ブルドーザーを動かしたという人が、土地を奪われた沖縄本島の農民のうち、かなりの人数が先島へ半強制的に開拓者として、送りこまれた、と言っていたからである。

「それで、うまくいっているんですか？」

「さあ、どうですかね」

運転手は首をかしげてみせ、なにしろ他所から来た人たちとは馴染めない土地柄だから、とつぶやいた。わたしはわたしで、うまくいったかもないもんだ、ただ定着しているというだけのことなのだから、と愚かな質問をしたことを後悔した。

「イミンになる人も多いようですね」

「イミンって、移民ですか」

「そう、南米あたりへ……」

開拓者が、さらに開拓者になる。しかし、どう楽観的な想像をしても、それは雄大な広がりをもたない。那覇市役所の前に大看板があって「自営開拓移住者大募集／渡航費全額補助／パラグワイ国イグァス移住地／一〇〇世帯七〇〇名」と書かれていたのを見て、窓口へ行って様子を聞こうとしたら選挙で人手不足とかで説明してもらえず、新聞社の人にたずねたら、「ハツラツとした人が行くのならいいが、どうにもならなくなった人たちがしかたなしに応募するんですからねえ……」と悲観的な見とおしだった。

昔から沖縄の人たちは、海外移住に積極的だった。ハワイやブラジルやカナダへ渡り、そこで大儲けをした人もいるが、行ったきりで音信の途絶えた人の話もまた少なくない。そういえば立看板にあった「渡航費全額補助」というのは、本土政府の〝大英断〟であったから、その援助で可能になったのだとか。沖縄への本土政府からの支出は、教育費をはじめとして増加しており、それは当然のことがようやく実行されたにすぎないのであるが、海外移住を奨励するための補助金と聞けば、なにかしら素直になれない。昭和四十四年度に入ったら、自衛官の募集が沖縄で大大的におこなわれる可能性があるらしいが、日本人として日本国憲法の適用を受けることさえ許されていない沖縄住民に〝祖国防衛〟の任務を課すのはどういうことなのであろうか。いや、そもそも自衛隊の存在そのものが日本国憲法の鬼っ子なのだから、人手不足を補うにはなりふり構ってはいられぬのだろう。

慰霊塔の涙と奇跡の一マイル

四時間出発がおくれても、詫びるアナウンスひとつするでもない、おそろしくサービスの悪い南西航空で宮古から那覇へ帰った翌日、宿に客があった。女性二人だという声に起こされて玄関へ出てみたら、嘉手納のクラブで働いている、マサエちゃんにノブちゃんではないか。どう見ても高校生という歳格好だが、顔の化粧の濃さは中年並みの念の入れようで、あどけなく笑いかける。

「早く支度《したく》をしておいでよ」

「ほら、ドライブだわさ」

そういえば、そんな約束をしたような気がする。B52を見物したついでに入ったアメリカ兵相手のクラブで、わたしはこれからドライブに行かないかと誘った。二人とも用事が残っているといって断わられ、それはまぎれもない特飲街だから、閉店後にそのほうのつとめがあったわけであろう。うかつさを、またもや恥じて、わたしはあっさり引き下がったが、なんの屈託もなく「沖縄人」を連発する二人とまだまだ一緒にいたい気がして、そんなふうに持ちかけたのだったから、未練が顔色に出たのだろう。二人はちょっと相談して、昼間はどうだと誘うので、わたしは不服があろうわけはなく、宿の名を名刺の裏に書いて渡したのだ。

「沖縄人は、約束を守るわさ」

マサエちゃんのほうが饒舌で、さっそく沖縄人を連発する。ノブちゃんは、やはり白っぽいツーピースで、あるいは肌の黒さを誇張するためかもしれなかった。とまれ、わたしは二人にはさまれたタクシーのシートで、若い女性の匂いはやはりいいものだと思ったり、しかし女性にもてたためしのない自分を確認して、彼女らにとってあくまでもどうでもいい観光客、それならそれであとで節約をすればいいのだから今日は思いきり散財して喜ばせてやろう、と全財産の入った財布をおさえながら考えた。

「奇跡の一マイルだわさ」

マサエちゃんの〝だわさ〟には独特のニュアンスがあって、それは軽快な響きをもつ。だいたい四十歳前後の人たちは、やや早口なのが特徴のほかには、方言らしい方言を感じさせないが、どこか語り口が陰湿な印象を受ける。ある人にそれを言ったら、戦前の沖縄では標準語化というのがあって、小学校でびしびしたたきこまれ、うっかり方言をだそうものなら厳罰があった話を聞かされた。方言を使った場合は、〝方言札〟というのを首から吊り下げさせられる。この札を早く次に回そうとして、油断をみすまして同級生の尻をつねる。「あがあ!」と思わず叫べば、「痛い」と標準語を使わなかった、といって先生に報告して札をかけかえてもらう。子供に悪戯《いたずら》はつきものだが、なんと哀しいゲームであったことか。

「時計なんか、日本の半額だわさ」

マサエちゃんが教えてくれるが、たしかに〝奇跡の一マイル〟で目立つのは時計、貴金属類を並べた店だ。制限速度標識の数字もアメリカ式にマイルだし、トヨペットに乗っても左ハンドルで速度メーターはマイル目盛り、おまけに車が右側を走るのまでシャクにさわる。この通りは、一マイルびっしり両側に商店が並び、国際大通りと呼ぶのだそうだが、目立つ時計貴金属類店でなお目立つのが〝歓迎・観光視察団皆様〟〝歓迎・戦跡参拝団御一行様〟という看板。要するに本土からの観光客の呼び込みで、掲示板には〝〇〇ゴム御一行様〟〝〇〇薬品御招待客様〟〝沖縄ハネムーンツアー御一同様〟と、名指しの歓迎である。

　この一帯はかつて沼地だったそうで、土地をアメリカ軍に取られた商人たちが、やむなく店を並べているうちに、かくも賑々しい〝奇跡の一マイル〟となったわけだ。関税がかからないから、香港同様に外国製品が安く買えるわけである。だから、通貨はドルであるし、本土からの観光客はたっぷり〝異国情緒〟を味わえるわけで、「へえ、日本語が通用するんですか」「コメも食べさせてもらえるんですか」と、沖縄に来て驚きの声をあげる無知にして無恥な連中が絶えない。

「東京の銀座にはかなわないだろうから」とノブちゃんが、なんとなく意気あがらぬわたしに気をつかって言う。

にかかる。

「朝ゴハンは、食べて来たの？」と、マサエちゃんが金庫のようなバッグをこじあけ

「サンドウィッチをつくって来たわさ」

わたしは、思わず背骨をしゃんと伸ばす。いったい二人とも、どうして、弁当までつくってくるのだ。こっちは、帰りは泳いで帰ってもいいから、君たちに御馳走しようとしているんじゃないか。

「いらないよ」と、わたしはかすれた声で断わった。

わたしたちは、南部の戦跡に行った。家並みはもちろん、立木のすべてが倒され、いまの木は戦後のものだという。すさまじい砲撃にあった那覇の人たちは、南へ北へとちりぢりに逃げたが、南部へ逃げた人たちはほとんど助からなかった。ひめゆりの塔や健児の塔で知られる悲劇については、ここに書くまでもない。ただ、その戦跡地へ行って、わたしは驚いた。ひめゆりの塔や健児の塔が、平地や崖下にひっそりしたたずまいで建てられているのに、南端の丘の上に林立する塔は、あたかも野外美術展のような豪華さではないか。

「あなた、参拝しないの？」

　二人が、花売りのおばさんにそっぽを向いたわたしを、つついて言った。わたしは、黙って首をふった。この一帯は、公園のように整備されていて、〝なにわの塔〞〝岡山の塔〞〝みちのくの塔〞というぐあいに、各県ごとに慰霊塔が立てられ、その塔たるやアブストラクトの彫刻のごとく、それぞれ意匠をこらしている。沖縄へ着いてすぐ島を一周したとき、わたしはここへも寄ったから、すでに見ていた。そしてそのとき、あちこちに見かける沖縄独特の墓（一族をすべて副葬品とともに収容するという、壕のような形式だが）へ戦闘のとき県民が避難していると、日本軍はそれを追い払って自分たちがたてこもったという話を聞いた。

　その日本軍人たちが戦死したのを、こうして出身県別に慰霊塔を建立してまつるのがはじまったのは、つい四〜五年前である。いちばん高い位置には、割腹して死んだという、なんとか大将の塔まで建てられている。まぎれもない戦争責任者の塔が、あたりをへいげいしているのが、わたしには不愉快だった。わたしの父は、フィリピンで死んだ。兵卒だった父が、戦争政策の犠牲者であることはたしかであっても、しかしフィリピン人には、まぎれもない侵略者だったのだ。わたしが、フィリピンに、父の慰霊塔を建てたいと言ったら、それが許されるだろうか。むろん、フィリピンは外国で、沖縄は日本だ。しかし、その沖縄を異民族の支配にまかせて、日本でありながら日本でない状態をつくって、まともな償いひとつせず、沖縄県民に迷惑をかけたその土地に、このような仰々しい慰霊塔を建てて恥じないのか。わたしは、あらためて憤ろしさをおぼえた。死んでしまえば仏だから、それは問題が別だという考えもあるだろう。しかし、それは生きている沖縄の住民に、償いをしたうえで言うべき理屈ではないのか。

「行こうか……」

わたしは、タクシーへ戻った。観光旅行の一行が、目頭をおさえながらバスへ戻ってくる。泣くがいい。そしてあなたがたは、やがて〝奇跡の一マイル〟で、安いダイヤでも時計でも買って笑うがいい。

「あっ！」と、ノブちゃんがわたしの背広のすそを引いた。

「なんだ……」

芝生に、日の丸の小旗が落ちていて、わたしがそれを踏んづけて通りかけたのを、彼女が制したのだ。選挙戦では、保守も革新も日の丸を飾りたてていた。パレードのとき配ったものが、こんなところに捨てられたのだろうか。

「いいわねえ、日の丸というの」

「これ持って、君が代を聞いたら、胸がジーンとするわさ」

ひろい上げた小旗の埃《ほこり》を払い、皺《しわ》を伸ばし、かすかにうちふりながら、二人の娼婦は、わたしをとがめる目つきで言いかわすのだった。

（一九六八年十一月）

Ⅲ　女たちの生地獄

Aサインバーの国際結婚

一九七〇年一月、大量解雇に怒った全軍労は、第一波と第二波の全面ストライキに決起した。わたしは第二波二日目に沖縄へ着いたが、Aサイン業者が組織する暴力団のスト破りをいきなり目撃させられて、〝島ぐるみ〟神話の多い沖縄でようやく分極が顕在化したことを確認したが、そのAサイン業を調べたいと思った。

沖縄方言に「モトシンカカランヌー」ということばがある。もとでのかからぬ仕事——つまり売春のことである。人類の歴史で女性が初めて確立した職業は売春であったと、説をなす人もいるが、「モトシンカカランヌー」が適切に表現しているように、その身体さえ投げだせば、簡単に成立する職業であることはたしかだ。

こんどの沖縄滞在の後半を、わたしはコザ市で過ごしたが、ここはまさに「モトシンカカランヌー」の街であった。嘉手納空軍基地の第二ゲートから、一号線道路の胡屋十字路までのゲート通りは、よくいわれるように西部劇のセットみたいなたたずまいで、両側にびっしりバーやキャバレーやクラブが並んでいて、それぞれ〝Aサイン証〟を金看板としてかかげている。

全軍労の第二波一二〇時間ストライキのあいだ、米軍は外出を禁止していたから、スト明けとあって、どこか殺気だった印象の兵隊たちがいっせいにくりだし、ゲート通りは昼間からたいへんな賑わいだった。

殺気だった――というのは、ストライキの緊張が続いていることではない。五日間にわたって外出を禁止され、基地のなかのクラブで酒を飲んで憂さを晴らす程度だった兵隊が、久しぶりの外出とあって解放感を味わっているからである。まわりくどいいい方になるが、久しぶりの解放感にひたっている連中がどうして殺気だった表情でいるのか。それは彼らの性の飢餓がもたらした表情にほかならないからだった。

自分の性欲をもっとも率直に表現するのは、軍服をつけた連中ではなかろうか。誰しもが性欲を抱くだろうが、しかし普通の状態なら、それを羞恥心のベールに包み、決して露骨に表現しようとはしない。性欲を満たすには、性交するのがいちばん確実だが、それは相手が異性でさえあれば誰とでもかまわないというものでもない。正常か異常かを基準にしないまでも少なくとも常識的な性欲には、羞恥心と相手を選ぶ感情とがともなうものである。しかし、兵隊の性欲はちがう。わたしたちはよく、兵隊の経験者から聞かされたり、映画で見たりもするが、たとえば日本軍の侵略先である中国や朝鮮では、兵隊たちが慰安所の前に行列をつくり、まるで公衆便所で用を足すみたいに〝慰安婦〟と性交する光景が普通だった。

コザ市のゲート通りは、その手順がやや複雑になっているというだけのことで、要するに兵隊たちがもっとも簡単に性欲を満たすための場所だから、沖縄のジャーナリズムは特飲街と呼ぶ。わたしは、その特殊飲食店街を、米兵に混じって歩いた。バー、クラブ、キャバレーと名称はさまざまだが、中に入ってみればべつにどうという違いはない。いずれも入口にはアトラクションのヌード・ショーの写真が貼りだされていて、全軍労のピケを破るために活躍しただろうチンピラ風のボーイが、通りがかりの米兵を呼び込む。

なんとなく気おくれしたが、意を決してわたしもその一軒に入った。

最初に沖縄へ来たときから、何度かAサインバーには入っているのだが、やはり気おくれしてしまう。呼び込みのボーイが意外そうな表情をつくり、止めもしないが歓迎もしない。それでも入って空いたテーブルに坐ると、女性が二人わたしのところへ来た。「ビール」といったら、「何本?」と聞く。「二、三本」といったら、「じゃあ三ドルよ」と若いほうの女性が手を出した。一人がビールを取りに入ったあいだ、残った年かさのほうの女性が、黙ってわたしの身体に腕をまきつける。この日はまだアルコールが入っていないので、わたしはちょっとたじろいだが、しかし彼女にしてみればこれは自然な動作なのだ。ほかのテーブルをみても、派手に騒ぎながら飲んでいる兵隊の大きな身体に、小柄な女性が付属品みたいにくっついている。わたしのテーブルに、ビールが三本きた。ここでも沖縄製の、オリオンビールである。さっそくコップ三つを満たしはしても、彼女らは飲もうとしない。「なにか飲む?」と気をきかせたら、「ジュース」「コーラ」と二人が同時に答えて、それぞれ一ドルだった。

こんどは柄タイツのバニーガールが運んできて、テーブルの女性二人にバスの切符みたいな紙片を添えて渡す。この紙片一枚につき五〇セントもらえるとかで、景気のいい日には二十枚から三十枚になるそうだ。客におごらせた料金の何分の一かがホステスの収入になるというのはあちこちにあるが、たとえば東京ではちょっと口をつけただけで、すぐおかわりを請求する。しかし沖縄では、たいてい律義に飲みほしてからでないとおかわりをしない。彼女らが控え目な性格ということもあるだろうが、がっちり屋のアメリカ人がうるさいせいでもあるらしい。とにかく真面目に飲むから、最初はみんな胃をこわすが。これらの飲料にチクロが多いというから、ひょっとすると彼女らにガンの発生率が高いかもしれないが、この冗談はうまく通じなかった。

客の米兵が帰るとき、ホステスが連れだって行くのが目につく。さすがに早い時刻だから、そういうケースがみられるだけだが、要するに話がまとまったからなのだろう。五年くらい前までは、Aサインバーのおなじ建物のなかに個室があり、そこで客とホステスが恋愛したとか。しかし、米軍の警告でそれをやめさせられ、近くのホテルがその場所になった。だがそのホテルは、Aサイン業者たちが共同出資して建てたものだといい、場所が移動したにすぎない。

「いくらなの？」と出て行く即製アベックに顎をしゃくって、わたしのテーブルの女性に聞いてみたが、二人とも曖昧に笑っただけだった。琉球政府の法務局でもらった実態調査の資料には、次のように印刷されている。

ショート　三〜五ドル
ロング　五〜七ドル

トマリ　　八〜十ドル

まだ夕方だから、トマリということはないだろう。すると、ショートかロングということになるのだろうが、無邪気にはしゃぎながら出て行く様子は、まるで寿司でも喰いに行くかのようだ。これも法務局の資料だが、Aサインバーで働く女性は六時間二交替制だといい、賃金は時間給でだいたい八十セント前後とか。そうやって店をあけた時間は賃金カットされるだろうから、売春とドリンク制で得る金が、彼女らの主たる収入源であろう。

わたしは、ジュースやコーラをおごることで、テーブルについた二人の女性の歓心を買おうと努力するが、こちらが知りたいことについてはほとんど答えない。ひたすら身体をすり寄せるか、ちょっとでもコップに空間ができるとすかさずビールを注ぎ足すのが、どうやら彼女らの接客サービスの基本らしい。Aサイン以外のバーに行っても、店の女性は口が重い。こちらのことばつきで本土から来た人間だとすぐわかるせいらしい。本土人は何を考えているかわからないからまず警戒せよ、という気持ちがあるからだとか。このAサインバーの女性たちが質問をはぐらかすのも、わたしがキョロキョロ店内を見回してペチャペチャ喋るのが怪しい振舞いに見えたからかもしれない。

だがそれだけではなさそうだ。客はほとんど米兵だから、話をするには英語しかなく、まず例外なく中卒だという彼女らは、よほど長く勤めて馴れないかぎり話ができない。

「英語は？」と試しに聞いたら、「アイラブユーだけよ」と年かさのほうが答え、若いほうの女性も屈託なく笑ってうなずいた。

「アイラブユーか……」わたしはつぶやいてみて、この快い響きをもつことばが、ここでは、「俺と寝ないか《アイラブユー》」「金を出すなら《アイラブユー》」といった機能をはたすだけだろうと想像した。客と彼女らのあいだに、それ以外のことばは必要としないのかもしれない。

憲兵が二人入って来た。どういうわけか憲兵は、たいてい白人と黒人がコンビを組んでいる。

Aサインバーは、黒人街と白人街にはっきり分かれていて、白人が黒人の領域に踏みこむとたちまち乱闘になるというから、そんなとき仲裁しやすいようにコンビが組まれているのだそうである。

憲兵はわたしにも一瞥くれてから、出て行った。それを追うように、とび抜けて背の高い兵隊が、店の女性をぶら下げるようにして出て行った。

わたしは、米軍布令第一四四号なるものを思い出して、つい笑ってしまった。琉球政府法務局の刑事課長さんに、その布令のことを教えてもらったのだ。第一四四号の四章は「道徳に反する罪」で、違反すれば懲役十年以下の刑に処すとある。そしてここでは、はっきり売春を禁止して、たとえば次のような項目がある。

——いかなる婦女も合衆国軍隊要員と売淫に従事することを禁ずる。

——合衆国軍隊要員のために、野卑で卑猥なショーを見せることを禁ずる。

——売淫宿をかまえて、合衆国軍隊要員を出入りさせることを禁ずる。

本土における売春防止法は、抜け道だらけのザル法といわれるが、それにしてもこの米軍布令はザルどころか底の抜けたバケツといったところだ。やはり軍布令は、労働者のストライキを禁じているが、全軍労は実力でもそれを骨抜きにしてみせた。およそ人権の何たるやを無視した軍布令が、このようなかたちで骨抜きにされたのは気味がいいけれども、売春に関してはどうであろうか。

布令にみる売春の定義を引用してみよう。

——売淫とは、婦女が利得する性交の行為をいう。

——売淫婦とは、利得のために自分の肉体を性交の具に供する婦女をいう。

ちなみに広辞苑で売淫の項目をみると、「女子が報酬を得て男子に肉体を提供すること」とある。〝性交の行為〟〝性交の具に供する〟という表現があるだけに、軍布令のほうが具体的だといえるが、いずれにしても実際にはあってなきがごとき「道徳に反する罪」である。

しかしどうやら、米軍のいう「道徳に反する罪」は、売春行為そのものではないらしいのである。兵隊が性病にかかったとする。米国人は軍の要員でも民間人でも、軍施設の病院以外にはかかれないことになっているから、こっそり街の病院で治療するわけにいかず、たちまち軍医に知れてしまう。すると軍は徹底して感染源をさぐり、どこのバーの売春婦から移ったかをつきとめる。そして病気を持った女性をかかえた店から、金看板の〝Ａサイン証〟をとりあげることができるのだ。

金看板をとりあげられたら、米兵は立ち入り禁止になり、商売にならない。いくら〝邦人も歓迎〟といってみても、一日に一人か二人しか来ないわけで、事実上の営業停止である。最初にふれた、「衛生上すぐれており兵隊の健康管理の点でも支障がない」というお墨付きの意味するところを考えれば、〝Ａサイン証〟のなんたるかがわかる。つまり、軍布令のいう「道徳に反する罪」とは、米兵に性病を感染させることなのだ。まことに都合のいい道徳があったもので、あきれかえるよりない。しかしＡサイン業者にしてみれば、あきれかえってばかりいられず、性病の予防にのりだす。

もとをただせば、米兵がベトナムその他から持ち込む性病だが、業者は自発的な検診体制をとり、店の女性に保健所行きを強制するのである。わたしに彼女らの〝肉体を性交の具に供する〟意志がないことに気づいたからか、二人の女性は他のテーブルを気にしはじめ、若いほうがまずはなれた。「あの娘、可愛いでしょう」と残ったほうがいう。「まだ十代だな」とわたしがいったら、「さあ……」とそれはぼかした。

そして年かさの女性は、おそらく三十歳に近いと思われ、身体をくっつけた触覚をふくめてわたしの直感をいえば、明らかに子供を産んだ女性だった。何気なく、席を立った若い女性を目で追っていたら、隣の彼女が重大な秘密を打ち明ける口調でささやいた。

「あの娘はね、最初からアメリカ人の身体しか知らないの。可哀そうよ」

どういう意味で可哀そうだというのかわからなかったが、わたしはぼんやり、たぶん十七、八歳だろう彼女にとって青春とはなんだろうかと考えていた。

外人天国ニッポン――だそうである。とりわけ、青い目の人種には居心地がいいらしい。西欧コンプレックスのかたまりみたいな日本人がサービスこれつとめるから、さぞ優越感が味わえることだろう。自分の国では二流か三流の芸能人でも、日本にくれば一流あつかいを受けるし、安物の洋服生地でも売りに来たのが外人なら、それで高級舶来品に見えたりもする国柄だからである。

しかし、なんといっても外人天国ニッポンを象徴するのは、沖縄であろう。本土における外人の居心地のよさは、たぶんにムード的なものであり、法的にはとりたてて特権を与えられているわけではなく、政治亡命さえままならぬのだから。沖縄では、なによりも施政権が、外人の側にあるのだ。しかも軍布令オールマイティーだから、市民社会のルールさえも通用せず、軍服族たちは、まずやりたいことをやれる。米国では、護身用にピストルの携帯が認められている。だから届け出さえすれば、沖縄の米国人たちはどこでもピストルを持ち歩けるわけだが、多くの場合は届け出ないとか。たまたま乗り合わせたタクシーの運転手が、強盗にあった体験を話した。

「兵隊ですよ。ピストルをつきつけて、売り上げ金をかっさらいました」真昼だった。料金を踏み倒し売り上げ金を奪った米兵は、悠々と歩いて行く。ちょうど交通整理の警官がいたので、「強盗だあ！」と叫び犯人を指さしたら、警官は公衆電話に向かって走った。「憲兵隊に通報したわけです。手が出せないからです」

けっきょく駆けつけたMPに逮捕されたが、その強盗犯人がどんな刑罰を受けたかは、誰にもわからなかったそうだ。

「ベトナム帰休兵が、戦場へ戻りたくないので、一計を案じてなにか犯罪をやらかす。

その強盗も、たぶんそうでしょう。どう考えても、金が欲しくてやった様子ではありませんでしたから」

沖縄の人たちは、「米国人はわれわれの人権を認めない。蔑視しているからだ」と怒るが、しかし、これは人種差別というより、支配者が被支配者の人権を無視していることにほかならないのだ。沖縄県民の誰かが、米国人の女性を強姦したとする。逮捕されたら、彼はまず死刑を免れないだろう。軍布令には、そう規定してあるのだ。逆に、米兵が沖縄の女性を強姦したらどうか。憲兵が本気になって捜査しないから、逮捕されることがまずない。ときどき新聞を賑わすのは、被害者の女性（幼児をふくめて）が殺されるか重傷を負わされた場合であり、軍事法廷で懲役十年程度の刑を受けることがあっても、「本国で服役中と米軍は発表するが、事実かどうか、疑わしい」と新聞記者はいう。

沖縄の売春を語るとき、くどいくらいに、沖縄が置かれている立場を説明する必要があると思う。「モトシンカカランヌー」で、売春はあくまでも売春であるけれども、しかし哀しいくらいに、支配するものとされるものの関係を象徴しているといえないだろうか。

さて、コザ市のＡサインバーで会った十八歳の女性の話にもどらねばならない。テーブルについている三十歳くらいの女性に、「さっきの彼女と話したい」といったら、「あたしではいけないの」と不本意そうな表情になる。わたしが困って、「あんたとは、もうだいぶ話したから」と弁解したら、「なんにも話してないのに……」とぶつぶついいながら、それでも呼びにいってくれた。あとで気づいたのだが、この場合の〝話すこと〟は、値段の交渉をさしていたのだ。前回でもふれたが、客たちはここでのおしゃべりを楽しむために来たのではない。あくまでも〝性交の具に供する〟女を探しに来たのだから、「あんた、エッチねえ」といわれながら、きわどい冗談を楽しむサラリーマン・キャバレーのような雰囲気はないのである。

アキちゃん、という名前にしておこうか。黒ずくめの、なんだかネグリジェみたいなのを着た彼女は、「ごめんなさい」といいながら、ふわりと横に坐った。呼びに行ってくれた年かさのほうの女性は、気をきかせたつもりなのか戻って来ない。

「すこし、ぼくと話をしようよ」

「話って……」

アキちゃんは、警戒の色を露骨にして、口ごもった。

「この店は、いつから？」

「知らない」

「知らないって、あんたのことじゃないか」

「なんだ。ウチなら、半年前からよ」

店の歴史を聞かれたと思ったらしい彼女は、自分のことをそんなふうに説明したが、それで余計にわたしへの警戒心を強めたようだった。あとでわかったのだが、アキちゃんはわたしをＣＩＤの調査官かもしれないと思ったのだそうだ。ＣＩＡは中央情報局だが、ＣＩＤは刑事捜査部の略称である。なぜわたしがそのＣＩＤに間違えられたのかは、あとでふれよう。

「このごろ、忙しい？」

「さあ……」

「ストのときは、どうしていた？」

「寝てたけど」

どうもいけない。わたしは、なんとか彼女から身の上話を引きだそうとして、そのきっかけを求めているのだが、うまくかみあわないのである。飲み物をすすめてみたけど、こんどは要らないといい、とうとうたまりかねたように、彼女のほうから質問してきた。

「お客さん、どこの人？」

「……東京から来た」

「なにしに？」

「なにしにって」

わたしが口ごもる番だった。実際、こんなときなんと答えるべきだろうか。彼女は娼婦をかねたホステスなのである。

「まだ、飲みますか？」

どうやらアキちゃんは、わたしを追い返したいらしい。新しい客が入ってくるたびに、キョロキョロそっちを向くのである。

「沖縄のことを、いろいろ知りたいと思ってね。それで、あんたの話を聞きたいんだ」しかたがないから、わたしは名刺をわたした。こんなことをする物書きはいない。いるとすれば、アマチュアかニセモノであろう。わたしは、ニセモノの部類だろう。そのとき、名刺だけでなく、十ドル紙幣を一緒に渡したのだから。「話を聞かせてもらうお礼だから……」

自己嫌悪をこめて、わたしはいった。金を払って、さあお前のことを話せ、というのはいかにも相手を侮辱した態度ではないか。

「だけど、ウチ……」アキちゃんは、十ドル紙幣を不器用に指にはさんで迷っている。

しかし、名刺をみて、わたしが東京から来た人間であることだけは信用したらしい。

ＣＩＤの捜査官でないことが、このときわかったというのである。

「ちょっと待ってね」彼女は、不器用に紙幣を指にはさんだまま奥へひっこみ、化粧道具を入れた袋をもって来て、「行きましょうか」といった。

わたしはあのとき、まずホテルへ行くべきだったろうか。アキちゃんにとって、わたしが渡した十ドル紙幣は、なんと口実をつけようが、売春の契約金だったからである。彼女は、そう解釈する以外になかったのだ。「メシでも食べようか」と誘ったとき、彼女は実にふしぎそうな表情でわたしを見た。

ゲート通りは、もう薄暗くなっていたが、かなりの人出だった。ほとんど米兵ばかりで、彼らはすれちがうとき、ネグリジェみたいな洋服のアキちゃんを連れたわたしを、いぶかしげな目で見ていた。なにを食べたいかをたずねたら、「なんでもいい」と答えたのは、遠慮しただけではなく、この奇妙な男がなにを考えているかわからないので、「どうにでもなれ」と思ったからのようだった。そこでわたしたちは、ゲート通りの洋食屋に入った。洋食屋というのはおかしいかもしれない。客は米兵ばかりだったから。やはり「なんでもいい」というだけの彼女は、わたしがハンバーグを注文したら、「じゃあ、ウチも……」と小声でウェイトレスにいっていた。ビールをとったら、勤め先ではコーラしか飲まなかったアキちゃんも、こんどはぐいっと飲んだ。かなり飲めるらしい。

「未成年なのにいけないねえ」と下手な冗談をいったら、「いけないことばかりしよるんよ」と、ひどく可笑しそうに答えた。それで、だんだん打ちとけてきて、アキちゃんのほうから話しかけてきた。

「さっき、CIDかと思った」

彼女が話したことと、Aサインバーの女性たちに詳しい人から聞いたことを結びつけたら、だいたい次のような内容である。アキちゃんは恋をしている。相手は、二十歳の海兵隊員である。南部の農家の三男だという彼は、勇猛な海兵隊員とは思えない優しい人柄で、店に来るたびにプレゼントをくれる。香港フラワーであったり、ペンダント（胸から出してみせてくれた）であったり、金目のものではないが、その心づかいが嬉しいから、感謝している。年末に、結婚を申しこまれた。信じなかったけど、年配の軍曹を連れてきて、本気であることを強調したから、「考えておきます」と答えた。年が明けて、彼はベトナムへ行った。まだ帰って来ないが、手紙が三通来た。最初の手紙には、返事を出した。翻訳事務所に持って行き読み聞かせてもらい、自分の考えを事務所の人にいったら、その場でタイプして発送してくれた。前借金が店にあることを伝えた。それを払わないことには、どうしようもないと彼にはことわっておかねばと思ったからだ。さっそく返事が来て、前借金の額を知りたいと書いてあった。国の両親に頼めばなんとかなるだろう、というのである。好きになった。こんなにまで自分のことを考えてくれているのなら、こちらもちゃんとしなければ、と思った。前借金の額は、まだ彼に伝えていないが、予想外の金額だろうからいいにくい。しかし、彼は間もなく帰って来るから、そのとき話し合うつもりでいる。

「で、ぼくがＣＩＤにみえたわけか……」わたしは笑ったが、彼女には深刻な悩みなのである。刑事捜査部は、米兵が沖縄の女性と結婚したいと希望したら、その婚姻が適切であるかどうかを審査するそうだ。

① 身内に人民党員または支持者がいないか。

② 売春など道徳に反する行為はないか。

審査はこの二点が中心で、捜査官が聞きこみをして歩く。①については警察情報なども求めて、かなり厳重にやる。しかし、②については、①ほど厳重にやらない。アキちゃんにプロポーズした兵隊が、店に来ることは、そのままホテルに行くということであり、いまのところ金銭がともなった恋愛で、要するに売春にほかならない。そもそも米兵が出入りできるのはAサインバーだけだから、女性との接触はかぎられるうえ、恋愛感情は性行為を通じて芽生える。結婚が成立するとしても、例外なく婚前性交にもとづくものなのだ。言葉が充分に通じないから、兵隊にしてみれば女性の生いたちなども、まるでわからない。ＣＩＤは、公立の興信所よろしく、兵隊にかわって調査するわけである。

——それにしても米兵は、明らかに娼婦とわかっていながら、なぜ求婚するのだろうか？

これが第一の疑問である。あるいは、わたしは偏見の持主かもしれないが、しかしどうしようもなく抱く疑問なのだ。とにかく、ここでは、ある人の考えかたを紹介しておこう。

「兵隊は、たいてい貧しい家庭の息子です。本国に帰っても、金のない彼らは娘たちに見向きもされません。しかし沖縄にいるあいだは、まるで貴族のようにふるまえる。柔順でキメの細かい心づかいをする沖縄の女性を、引き続いて自分の側に置きたいと考えたとしても、ふしぎはありません」

だから、結婚という形式を選ぶのだろう。妻をめとることは長期契約の売春のようなものだという皮肉な言葉は、なるほどここではあてはまるようだが——。それにしても、前借金を負担することが、彼の愛情表現だとすれば？

「ほんとに、その彼が好きなの？」

「だって、そんなにまでウチのことを考えてくれるのなら……」

わたしの質問に怒るでもなく、アキちゃんはそう答えたが、前借金の額については、とうとう教えてくれなかった。

「沖縄の人で、つきあってる男性はないの？」

「さあ……」

曖昧に笑う彼女を見ながら、「米兵の身体しか知らないのよ」と教えてくれた年かさの女性の言葉を思いだし、余計なことをたずねたものだと反省した。

やがて、わたしたちは洋食屋を出た。そして、そこで別れた。どこか申しわけなさそうなアキちゃんに、わたしは気のきいた冗談のつもりでいった。「ぼくがＣＩＤなら、あんたには百点をつけるけどね」

しかし、彼女がＣＩＤを気にするのは、まだ早いのだった。審査は、婚姻届を提出した後で開始されるからである。

小鳥を飼う混血の非行少年

混血児が目立つ。はっきりした数字はわからないが、三千人近いのではないかという。まず例外なく、母親が日本人で、父親が外国人である。結婚によって生まれた子供にはかぎらない。ハーニイともオンリーともいう、要するに長期契約の娼婦が混血児の母親であるケースが意外に多い。ヨーロッパやアメリカでは混血であることを珍しがったりはしないはずだが、純血を誇りたがるわがニッポンでは、特別な目でみる傾向がある。島国たるゆえんで、ただ珍しがるだけでなく、差別を加えるのだから。

沖縄は、一般的にいって、差別意識のつよい土地柄だといえる。被差別意識の裏返しかもしれないがここではどういうわけか、宮古島の人を差別する。宮古島の出身者が那覇あたりで借家をさがしても、宮古のものには貸さないと、いまでも露骨にいう家主が少なくないそうだ。まして混血児ともなれば、米国人への憎悪感も手伝って、陰に陽に差別をする。家庭環境にも恵まれていないから、その差別の重圧に耐えられない混血児たちが非行に走る傾向がつよい。

ついこないだ東京で逮捕された、一億円近い窃盗をした四人組は、沖縄出身の混血児だった。わたしはその記事を読みながら、久里浜の少年院で会った、ジョージ・具志川（仮名）のことを思いだした。A君とかB君とか書かず、わざわざ仮名までつくったのは、理由があるからだ。なぜなら、ジョージ・具志川というのは戸籍名だからである。迂闊な話だが、最初に、その名前を耳にしたときに、わたしはニックネームかと思ったのだった。ジョージ君は、新宿にたむろする〝フーテン沖縄グループ〟の一人だった。区役所を寝座にしていたのを、パトロールの巡査から邪魔されたので、その仕返しに交番を襲撃したのが、彼がいま少年院に居る理由である。小柄で、温和しそうな少年だった。青い目がオドオドした感じで動くのが気になったが、めったなことでは口をきかないぞ、といった頑固さのようなものが感じられる表情でもあった。久里浜では、園芸作業に就いているということだった。「土をいじるときの彼は、生き生きした表情をみせます」と教官がいっていた。わたしがジョージ君を訪ねたのは、コザ市の少年院で彼のことを聞いたからだった。小学生のころから、何度も少年院入りをしていて、彼の犯罪というのは、外人住宅を専門に窃盗をはたらくことだった。「変わった子供でしてね、小鳥ばかり盗むんです」と、コザ市の教官がいっていた。「だから特別に、ジョージが小鳥を飼うことを許可したくらいです」

父親は米兵だったが、離婚後に母親が彼を引きとったという。しかし、母親は、次々に夫を変えて、ジョージ君の面倒をみようとせず、少年院に居てくれれば世話がかからずにすむ、といった態度をみせるのだった。孤独な少年が、外人宅を専門に、小鳥ばかりをねらって盗む――いま十九歳のジョージ君の、これまでの足どりを思って、わたしは彼とおなじように口をつぐむよりなかった。

琉球政府の法務局が調査したところでは、管理売春における娼婦の六〇パーセントが離婚した女性だという。そして、そのうち三分の一強が、子供を養育しているのである。たとえば、コザ市のAサインバーには、託児施設をもつ店がある。母親たちは、店の裏に子供をあずけて、表で売春するのだ。離婚した女性の自活の道は容易ではない。米兵が相手では、慰謝料をとることも養育費を払わせることもむずかしいから、たちまち生活に困って〝モトシンカカランヌー〟になるのである。

それにしても、まともな職業につけないものか、と眉をひそめる人もいるだろう。たしかに、どう考えても売春はまともではないが、そもそも社会の構造がまともでないのに、彼女らにまともであれ、とお説教を垂れる資格が誰にあるだろう。だがわたしは、「たとえば、ハウス・メイドのような仕事はみつからなかったのか」と、娼婦の一人にたずねてみた。

「あれは、中年以上でないと、つとまらないよ。外人はけっこう人使いが荒いから、よほど辛抱強くないとねえ」と、売春よりも、さらに屈辱的な仕事だとでも言いたげな口ぶりだった。ボーヴォワールが『第二の性』で、娼婦にふれている言葉が思い出される。

「売春では、男性の欲望は個別的なものでなく種のものである以上、どんな肉体の上でも満足することが出来る。一方、娼婦は人格としての権利をもたず、彼女のうちには女性ドレイ制のあらゆる様相が、同時に集約されている」ボーヴォワールによれば、フランスの娼婦は、その半数以上が女中あがりだといい、その理由を次のように分析する。「こきつかわれ、圧迫され、人間よりも物みたいに扱われる女中は、将来にどんな望みももっていない……」

だから娼婦になることにさほどのためらいを感じない、というのである。しかし沖縄では、ハウス・メイドは賃金もそう悪くないし、共働きの婦人が多いから、かたい仕事のひとつである。彼女らにいわせれば、娼婦なんて人間のクズだ、ということになるらしい。だが、わたしはこんな話を聞いた。

「娼婦にも停年がある。売春婦として使いものにならなくなった女性が、ハウス・メイドになるのは、よくあることだよ」もしそうだとしたら、沖縄では、ボーヴォワールの指摘とは、逆の現象がみられるわけであるが、いずれにしても〝女性ドレイ制〟にほかならないのである。

「労働力を商品とする以外に生きる手段のないプロレタリアート＝労働者階級に娼婦は所属する。なぜなら、彼女らもまた自己の肉体を商品とする純粋労働に従事しているのだから」

コザ市で会った学生が、いかにも学生らしい理屈のたてかたでそんなふうにいっていた。しかし、これは文字どおり屁理屈というものであろう。娼婦がおかれているのは、封建社会におけるドレイの立場であり、資本主義以前の状態ではないか。労働者はしょせん資本家のために労働させられるだけだが、しかし人格としての自由をかろうじて持つ。働くことをやめれば餓死するかもしれないが、死ぬことを選択する自由はある。だが、ドレイにはその自由さえもないのだ。

娼婦のドレイ的立場を、なによりも雄弁に語っているのは、前借金であろう。一、二パーセントのわずかな例外はあるが、娼婦はたいてい前借金をもっている。平均すれば千ドル前後らしいが、なかには八千ドルも前借金をかかえた女性も居るとか。三百万円近い借金を彼女はどうするつもりなのか。大の男が停年まであくせく働いて、ようやく手にする退職金とほとんどおなじ金額を、彼女は出発の時点から逆に負担しているのだ。「なぜ娼婦になったか？」とたずねるより、「なぜ金を借りねばならなかったか？」のほうが、正確な答えをひきだせるようである。

ある娼婦は、「子供をあずけるのにまとまった金が必要だったから」といい、いまも定期的に仕送りしているそうだが、「どういうわけか、前借金はふえるばかりなんよ」と首をかしげていた。はっきり親から売られた娼婦もいる。本人から直接に聞けなかったが、彼女は離島から来たのであり、台風でふっ飛んだ屋根の修理に前借金は充当されたとか。かたい仕事についていたが面白くないので水商売に移り、なんとはなしに売春をはじめたら、いつのまにか借金が出来ていた、という娼婦もいた。

男が五ドル払ったとすれば、その金の行方はどうなるのだろうか。ひどいところでは五分五分だが、ふつうは六分四分だというから、娼婦に三ドル、業者に二ドル行くことになる。ところが、その三ドルがそっくり彼女のものになるわけではない。管理売春の場合は、食費のほかに寝具の使用料もとるし、衣装や化粧にかける金も立てかえぶんとして請求するのである。前借金には、利息がつく。月に二分という高利のものもあるから、千ドル借りていれば自動的に二十ドルずつ前借金に加算されるわけで、八千ドルの彼女の場合はどうなるか。とにかく、雪だるま式に借金がふえる。家族が病気になった場合、見舞いに行くといえば、一日五ドルの借金になる。病気見舞いと称して、外で客をとるのを警戒するからである。たまりかねて、逃亡する娼婦もいる。日ごろから現金といえばタバコ代くらいしかわたさないから、たいてい着のみ着のまま逃げる。親のところへ帰ればすぐわかるから、他へ逃げるのだが、たいてい、娼婦として働いているところを発見される。それでなくても狭い島だから逃げても知れたものだし、なによりも捜しだすのが専門の暴力団がいるからである。こんなとき、連れもどし費用として、二百ドルが前借金に加算される。制裁金でもあるのだろう。逃げようにも、逃げられない。絶望して、自殺したらどうなるか。借金には連帯保証人がつきものだから、この場合は、親兄弟の責任になる。死んだ姉のかわりに、こんどは妹が娼婦にさせられた例もある。

まさに、死ぬ自由もない。大量解雇とたたかう全軍労の合い言葉は〝去るも地獄、残るも地獄〟だが、娼婦の場合は〝去る〟可能性さえもなく、文字どおりの生地獄を体験しているわけだ。

「慣れてしまえば、こんな気楽な稼業はないよ。けっこう、いい目にもあうしね……」

話を聞いて驚くわたしに、娼婦はふくみ笑いをしていった。性の快楽を、彼女なりに享受しているというのだ。もしそうなら、救いが残されているといえよう。快楽を追求する可能性があるなら、それが束の間の解放なのだろうから。しかし実際には、いい目にあう娼婦は少ないようだ。射精にさえ至れば快感に到達することができる男のようなわけにはいかないのだ。

「上手な客、それから、好意をもてる客のとき……いい目にあう」

ただペニスが接触すればいいというものでないことはわかる。しかし、〝好意のもてる客〟よりも先に、〝上手な客〟という言葉が彼女から出たのは、娼婦にとって性がなにかを象徴しているようだ。だいいち、好意のもてる客なんて、よほどのことがないかぎり、現われはしない。なによりも客たちは、心を買いに来るのではなく、性器を買いに来るのだから。

「上手な客というのは多いのかなあ？」

「自分で上手だと思いこんでいる客は多いけどね。せっかくだから、いいふりしてあげるさ」

いわゆる秘技だから、ひたすら男の快感をたかめるために技法をこらし、自分も快感が高まったふりをする。職業たるゆえんだろうか。だから娼婦の多くは、不感症だという。恋愛行為としての性交ではさらさらなく、ひたすら男性の快楽に奉仕するだけの性交を日常とする娼婦が不感症になるのは、わかりすぎるくらいわかる。

「結婚したら、治るらしいね」と、わたしはたずねてみた。

「そうとはかぎらないよ」と、娼婦は答えた。「好きで結婚するのならべつだけど」

さっきもふれたが、娼婦が米兵と結婚するケースは多い。アキちゃんはどうやら、真剣に恋をしているようだった。前借金さえはらってくれたら、結婚するつもりでいるのだ。娼婦たちが、もし可能なら……と自分の将来に希望を抱くのは、「独立して小さな酒場を経営すること」か「結婚すること」のどちらかだという。しかし、独力で脱出することは不可能に近い。だから、アキちゃんみたいに恋をするのではなくても、恋をするふりをして、結婚というかたちで生地獄からの脱出をはかる娼婦が少なくない。沖縄の混血児の多くは、こういう結婚によって生まれたのだ。あるいは娼婦の延長であるオンリーが生んだものだ。こうして国際結婚が成立した場合、その後は、どうなるだろうか。

「まず九〇パーセントが離婚ですね」翻訳事務所をひらいているA氏が、そう断言する。彼は、丹羽文雄の小説「恋文」がそうであるように、米兵と女性との手紙の翻訳をするが、同時に行政司法書士でもある。なぜなら、手紙のやりとりの帰結として、結婚ということになったとき、その手続きを代行するからである。だが、CIDの調査まで必要とする結婚でありながら、破綻はあっけないほど早く訪れる。女性にしてみれば、前借金を払って自由の身にしてくれる救世主ではあっても、恋愛の帰結としての結婚ではないから、夫たる米兵は依然として客であり続ける。妻はなんとか家庭から脱出しようと試み、夫もまた沖縄を去ることが決まれば、一人で本国に帰ることを望み、あっさり離婚が成立する。

そして残るのは、子供だけだ——。

全軍労スト第二波三日目のことだった。普天間の闘争本部にAサイン業者が組織した集団が押しかけ、赤ハチマキの労組員とにらみあったのだが、その緊張がわずかにほぐれる場面がみられた。にらみあう両者のあいだに機動隊が割って入り、さらに野次馬がそれをとり囲んでいたが、本部前の建物の屋上から見おろす連中もいて、手りのすぐ側には一見ホステス風の女性が六〜七人立っていた。そのなかの一人が、急になにか叫んだ。方言だから、わたしにはわからない。しかし、居合わせた皆がどっと笑った。彼女はさらになにか叫んだ。スカートをいきなり太股のところまで、まくりあげた。白人との混血だろうと思われる顔だちの彼女の、その白い太股が陽を受けて輝いた。

「なんていったんですか?」知り合いの新聞記者にたずねたが、彼は苦笑しただけで教えてくれなかった。やがて業者側が引きあげ、屋上の彼女も消えた。夜になって、昼間の新聞記者と酒場で出会った。

「あのとき実は……」と、アルコールの入った彼は口をひらいた。「ひどく、ワイセツなことをいったんですよ」彼女を下から見る男たちの視線に、挑むような叫びだったが、内容というのは次のようなことらしい。

「みんな、ちらちら見ないで、しっかり見るがいい。だけど、あんたたちにはさせてやらないからね。上原さんなら、カッコいいから、タダでさせてやってもいいけど」

上原康助委員長が聞いたら苦笑しただろう。わたしは、叫びの内容を知って笑ったが、しかしどうみてもハイ・ティーンの彼女がなぜ人の前であんなことがいえたのだろう、と考えないわけにはいかなかった。おそらく、彼女は娼婦だったのだろう。太股をさらすのはともかく「させる」「させない」などと叫んだのは、日常化した彼女の用語がすっと出ただけかもしれないが、それにしても舞台の上のストリッパーでもためらうような言葉である。荒廃しきった彼女の精神の内側が覗けたような気がする。いかに鈍感なわたしでも「性を陽気にとらえる南国的な光景だった」なんて書くことはできない。売春婦になることが、すなわち人間としての堕落であり退廃であるとは考えない。しかし、すくなくとも彼女らは人間としてよりも〝性交の具〟としてしかあつかわれないのだから、その生活が続くあいだに、精神が荒廃しきってしまうのも無理はないだろう。

那覇市の栄町には、娼婦を置く旅館街がある。ここはAサインに関係なく、つまり米兵以外を対象とする一角である。ここで会ったある娼婦からは、その荒廃から自分を守ろうとするかのような印象を受けた。

旅館の看板をかけた売春宿の玄関には長椅子かコタツが置いてあり、娼婦たちはぼんやり坐っている。申し合わせがあるとかで、決して通りがかりの男たちに声をかけたりはしないのである。わたしは、そのひとつの宿に上がった。長椅子の端に坐っていた女性に声をかけて――。

二十七歳だという彼女の部屋は、四畳半くらいの広さで、そのほとんどを占領するかたちで大きなダブルベッドが置かれている。驚いたのは、そのベッドを見おろすかたちで、皇太子夫人の写真がかけられていることだった。

「おそれ多いなあ」わたしは、額ぶちのなかのカラー写真を指さしていった。

「いいのよ。電気を消したら見えないから」彼女は、なんでもなさそうに答えた。

さらにキョロキョロ見まわしたら、ベッドの裾の部分に、千羽鶴が吊ってあった。タバコの銀紙やキャンディーの包装紙で折ったというそれは文字どおり千羽くらいあったろう。

「なにを祈って祈ったの？」

「なんでもないよ。仕事が暇なときにね……」

彼女にとっての仕事とは、いうまでもなく売春であるが、言葉として仕事と聞くと、なんだか妙な気がする。

「まだ？」ベッドに腰かけたわたしを、彼女はしきりにうながす。しかし、彼女にとっては、わたしに洋服を脱がせてベッドに寝かせるのが仕事であっても、わたしには室内を観察して話をひきだす仕事があるのだ。食器を入れた道具箱があり、その上に乗せた古びたテレビが雑音ばかりだす。うるさいので何気なくスイッチを切ったら、彼女は迷惑そうな顔をした。理由は、すぐわかった。テレビの雑音が消えた途端に、隣の部屋の嬌声が聞こえてきたのである。それは、客が無態な要求をするのを拒もうとしながら、しかし拒みきれずに従っている娼婦の声だった。

「どんな客が多いの？」

「船乗りとか、出張の人とか、観光客とか。もちろん、沖縄人がいちばん多いけど」

ダブルベッドの枕元がちょっとした棚になっていて、灰皿がのせてある。彼女はタバコを吸わない。わたしは灰皿のなかの、ちがう種類の吸い殻を確かめて、今夜すでに何人かの客を受け入れた彼女の身体をあらためて見た。薄い胸で、腰が太い。不美人だが、伏し目がちに笑う表情が印象的だった。

「まだ？」彼女は気にしはじめた。しかし、翌朝までの料金として、すでに十五ドルわたしてある。ベッドで身体を重ねるのがサービスと思いこんでいるらしい彼女に、わたしはビールを頼んだ。一ドルわたしたら、ビールを階下から持って来た。そして道具入れから、コップをひとつ出した。

「あんたは飲めないの？」

「飲めるけど、飲まない」

彼女がそう答えた。理由は、あとでわかったから、あとで書く。十五ドルがどうなるのかを聞いたら、「ママに部屋代として六ドル払う」ということだった。いわゆるショートの場合は、五ドルのうち、一ドル五十セントが部屋代とか。しかし、これが本当かどうかわからない。

豊見城村の出身だと答えた。那覇と糸満町のあいだにある農村である。ここは米軍に納入する野菜をつくるところとして知られる。彼女も農家の出身だそうだが、細かなことを聞こうとしたら、かたく口をつぐんだ。前借金のことを聞いたときも同様だったが、しかし彼女は、ふっと思いついたようにいった。

「復帰があと十年先ならよかったのに」

「どうして？」

「十年あれば、借金が返せるんだけどね」

「そのことなら……」わたしは、気負いたって説明した。人身売買に等しい前借金は法的に無効だから、復帰で自動的に売春防止法が適用されれば返済の義務はない——。

「嘘ばっかし！」彼女はすこし不機嫌になった。調子のいいことをべらべらしゃべる奴だと思ったのだろうが、わたしはムキになって説明を続けた。しかし、このことを彼女は最後まで信じようとせず、「借りたものを返すのは当然のことだ」と主張したのであった。

枕元の棚に雑誌がある。『主婦と生活』が二冊『家庭画報』が一冊である。客が置いて行ったというが、週刊誌ならともかく、月刊の婦人雑誌というのはわからない。まさか女性の客は来ないだろう。「馴染《なじ》みの人だったのよ……」ぽつりぽつり、という感じでしゃべりだした。

その客は三十八歳だといっていたが、実際はもうすこし老けているはずだ。銀行の係長というのは事実で、これは確かめた。四年ほど前になにかの事情で離婚して、子供三人を彼が引き取っている。しかし、末っ子はまだ幼稚園なので、勤務中は他人にあずけねばならない。銀行の仕事は渉外なので、宴会がよくある。帰りがおそくなるたびに、末っ子のことが気がかりだ。母親さえいれば、といつも考える。

「だからあんたに、プロポーズというわけか」

「そう。家にも行ったわ。子供さんたちにも会って、一緒にピクニックに行った……」

「ダメになった?」

「そう。こっちから断わった」

銀行から借りて、前借金を払う約束をしたそうだ。彼女の周囲の人たちも、いい話だからとすすめた。結婚は、とりわけ女性が熱心になるものらしいが、彼女の場合はさらに売春から脱出することでもある。こんなチャンスはめったにないのだからと、自分でも乗り気になった時期がある。しかし、彼女は求婚を断わった。

「どうして?」わたしは、棚の雑誌を見ながら、しつこくたずねた。その理由を、どうしても知りたかった。

「どうしても、その人が好きになれなかったから」しばらくして、彼女はいった。

なるほど、とわたしは思った。銀行の係長である男性がどんな人物かを、断片的に聞いた話から想像できるような気がした。

『主婦と生活』や『家庭画報』を読ませて女ごころをくすぐる手口は、かなり巧妙といえる。前借金を支払う約束も誠意だろうし、子供に会わせたのも誠実さだろう。しかし、彼が求めたのは、妻ではなく、女中ではなかったか？　そのたびに金を払わずにすむ娼婦をではなかったか。前借金を代わりに払う誠意も、実は性交の代償の前払いであり、子供に会わせた誠実さも、女中の顔見せであったのだ――。

「その人、いまでも来る？」

「もう来ない……」たぶんその男性は、ほかの売春宿でねらいをつけた娼婦を口説いていることだろう。わたしはそう思ったが、彼女は手持ち無沙汰をまぎらすつもりか、雑誌を抜きとってパラパラめくった。

料理のつくりかた。

マイホーム建築の具体例。

夫の浮気に、どう対処するか。

現代の恐怖スモン病。

知りすぎた妻の失敗。

そんな記事を満載した、主婦と家庭の専門雑誌を、彼女はどんな気持ちで読むのだろう。しかし彼女は、自らをそこに置くかどうかの扉の前で、くるりと背を向けた。

夫になるはずの彼が、どうしても好きになれなかったから。わたしは、そこに精神の荒廃から自分を守ろうとする、彼女の積極性を見たような気がした。あるいは、娼婦の位置に甘んじて、きびしさが必要な主婦の座につくことから逃げた、とみる人もいるかも知れない。しかし、主婦の座とはなんだろうか。好きでもない相手に、性だけでなく家事労働までさせられるのを拒否したことが、はたして堕落だろうか？　退廃だろうか？

大阪を知っているか、と彼女はたずね、町の名前をいった。「そこに、友だちがいるの。やっぱり、こんな仕事をしてるらしいけど」その友だちというのは、この売春宿に居た女性で、経営者の紹介で大阪へ移ったらしい。自分もそうしようかと考えているものだから、大阪の様子が知りたかったようだ。施政権の返還が実現すれば、それでことが済むというものではなく、むしろさらに複雑な事情をかかえこむことになることを、彼女一人をみるだけでもうかがうことができる。

わたしは、ビールを追加した。隣の部屋の嬌声は、もう聞こえない。部屋の主は、次の客を待つために、玄関の長椅子に腰かけているのだろう。二本目のビールも、彼女は飲まなかった。そして、あいかわらずしゃべるだけのわたしを、当惑した表情で見ているのだった。表を、なにやら喚《わめ》きちらしながら、酔客たちが通る。午前一時を過ぎていた。「ずいぶん賑やかだなあ」

「そう。朝の六時くらいまで、玄関を開けておくんよ」

いったい朝六時ごろ来る客というのは、どんな連中だろう。いや、夕方の六時だろうと朝の六時だろうと、娼婦を買う目的に変わりはないわけだから――。わたしは、ベッドに入った。ようやくほっとした表情になり、彼女も来た。そして、皇太子夫人を見上げて、電灯の紐《ひも》を引っぱって部屋を暗くした。界隈は、あいかわらず酔客の喚きや自動車の音で騒がしく、それは朝まで続いた。わたしは、ほとんど眠れなかった。騒音のせいでもあるが、彼女が何回もベッドから抜けだし、また帰ってくるようなことをくりかえしたからでもある。「階下で、しゃべってたんよ」彼女は、そのたびに弁解がましくいったが、それは嘘だった。ベッドへ戻るたびに、彼女は男たちの匂いを持ち帰っていたからで、つまりまわしの客を次々にとっていたのだ。飲めるけど飲まない、といってビールを断わった理由がわかった。彼女が酔ってしまえば、仕事にならないからである。客はたいてい酔っぱらっているが、勤務中である彼女は、客にあわせるわけにはいかない。女給より娼婦のほうが、はるかにむずかしいようだ。

九時ごろ、その売春宿を出た。アクビをかみ殺しながら、彼女は靴を揃えてくれた。「夜の六時ぐらいまで寝てるんよ」そういって、彼女はこんどは大アクビをした。歩きながら、わたしは太陽をまぶしいと思った。そして、夕方まで寝ているという彼女は、いったいいつ太陽の光を浴びるのだろうか、とも思った。

恋文横丁のハーニイたち

わたしはいま、コザ市に住んでいる。家賃が三十ドルの借家暮らしである。家主は那覇の住人で、管理人が昼間だけ通って来る。二軒長屋が二十五棟で、五十世帯ぶんを管理しているのだから、かなりの地主なのだろう。六、四・五、三畳の三部屋に台所と水洗便所がつき、六畳の部屋だけに畳が敷いてあり、あとは板の間だ。間取りはみんなおなじらしいが、畳がまったくない家もあるようだ。東京でも、新築のアパートは洋間がふえ、畳のない部屋が目立つが、ここではその理由ははっきりしていて、つまり外人がたくさん住んでいたからである。二年くらい前までは、五十世帯ぶんのほとんどが、外人で占められていたとか。しかしいまでは、六世帯だけだそうで、空家が目立つ。

「ドル防衛ですよ」と管理人は口惜しそうにつぶやいた。なるべくなら基地内に住まわせる方針で、嘉手納基地はじめ、あちこちに、いまも新しいアパートがどんどん建築中である。施政権が返還されれば、さすがに米軍も少しは遠慮しなければならない。なにしろいまは彼らが家主で、沖縄県民が店子といった関係だが、返還では形式的にその関係が逆になるはずだからだ。それでも、基地内は依然として聖域である。いまのうちに、がっちりかためておこうという方針らしく、基地縮小などとんでもない錯覚であることがわかる。

よくいわれるように、金網のなかに沖縄県民が閉じこめられている印象で、とりわけコザ市がそうである。金網の外側では、広々とした芝生の庭で米人の子供たちがボール蹴り遊びをしているが、閉じこめられた内側ではろくな遊び場もないまま、路地で石蹴りかなにかをしている。公園もあることはあるが、なんのことはない駐車場兼用であり、子供に可能な遊びはブランコくらいのもので、学校も校舎はもちろん運動場もおそろしく狭い。

わたしと棟続きの隣室の前には、黄色ナンバーの自動車が停めてある。黄色ナンバーは外人用だが、三万台あるそうだ。その自動車は、朝七時になったら消えて、夕方になったら帰ってくる。顔中そばかすだらけの二十五、六歳くらいの米兵がその自動車の所有者である。そして、米兵が所有する女性が、一緒に暮らしている。こちらではハーニイという、要するにオンリイの娼婦というわけだ。そういえば、わたしが借りている部屋も、こないだまではハーニイ嬢が居たとか。しゃれたカーテンが残されていて、家賃のほかにカーテン使用料五ドルを請求された。ここにいたハーニイ嬢が正式に結婚して、除隊になった米兵とともに米国へ渡ったとき、カーテンを残したためである。黄色地に赤糸の刺繡が入ったカーテンを見ながら、この部屋でどんな生活が営まれたのかを、わたしはぼんやり想像したりする。

現実に進行している隣室の生活は、まだ詳しいことはわからないが、小学校六年ぐらいの男の子と五十歳くらいの女性とがいる。ハーニイ嬢は三十歳くらいで、面長でかなり整った顔だちだ。どうやら、母親と弟つきで、米兵のダーリンから扶養されているらしい。自分の肉親と一緒に囲われている彼女の気持ちは、どんなだろうか。残念ながらまだ言葉をかわしていないし、かわしたにしても、そんな質問はとても無理だろう。昼間は隣室からギターの音が聞こえる。「禁じられた遊び」などを、けっこう弾きこなしているのは彼女である。夜はおそくまで、テレビをかけっ放しにしており、どうやら米兵にギターの趣味はないらしい。家事は、主に母親の役目のようだから、彼女はギターを弾いて昼間を過ごし、夕方になると化粧して彼の帰りを待つくりかえしなわけだ。こういう生活もあるのか――。

考えてみれば、都会のあちこちで、似たような暮らしが展開されているのではないか。夫が出勤したあと、母親に家事を任せてギターかピアノを弾く女性が居るはずだ。相手が外国人で、しかも正式に結婚していないという違いはある。金銭で結びついたのが動機であろうが、しかしふつうの結婚にも似たような動機はないのか？　愛情もなく、ただ肉体を提供しているだけではないか、と隣のハーニイ嬢のことを責めることはやさしいが、しかし世間の主婦に、夫への愛情もなく夫婦のつとめとしてだけ身体をひらく人はいないか？　それにひょっとしたら、ハーニイ嬢は真剣に彼ダーリンを愛しているかもしれないではないか⁉

板壁越しに聞きながら、わたしはぼんやりそんなことを考える。翻訳事務所のA氏の話が思い出される。すると、隣室のハーニイ嬢の将来が、ある程度予測できるような気がしてくる。近いうちに、入籍して婚姻関係を形成するかもしれない。たぶんAサインバーで知り合ったのだろう。隣の部屋に移ってきたとき前借金を返済したわけだ。するとカーテンを残して行ったこの部屋のカップルがそうであるように、やがて米国へ生活の場を移すことになるかもしれない。多くの場合がそうであるように、あるいは米兵が帰国するとき、別れるのかもしれない。生涯脱出できなかったかもしれない前借金奴隷の状態から解放してくれた相手に感謝して、サヨウナラをいえばすむことかもしれない。だが、その後の生活をどうするつもりか。なにがしかの金が取れれば、それを資本に商売でも始められるが、帰国する米兵は、ベトナムへ行くときとは全く逆に、がめつくなんでも持ち帰るから望みは薄い。それなら、他の多くの例がそうであるように、ふたたびAサインバーに舞い戻り、身体を小刻みに売って過ごし、またべつな相手をみつけてハーニイになるか。しかし、彼女が米国へ連れだって行くと考えよう。

翻訳事務所のAさんの暗い表情が思い浮かぶ。

「まず九〇パーセントは、破綻します。向こうで放りだされて、帰ってくる旅費もないまま、サンフランシスコあたりで街娼になった女性が、なんとかならないかと手紙で訴えてくるけど、こればかりはどうしようもありません……」

なにが離婚の原因になるのだろうか。手紙の内容を詳しく話すことは親書の秘密を犯すわけだから、Aさんは具体的なケースにふれたがらない。だから、ごく一般的なケースを書く。いちばん多いのは、言葉の壁である。よく沖縄のインテリが「自分が米兵と話そうとしてもほとんど通じないけど、バーの女ならペラペラしゃべって、がっかりする」と苦笑する。つまり文法から入門した英語より、アイラブユーにはじまる日常会話からはじめた女性たちのほうが、はるかに実用的なわけだ。すると、結婚までした女性なら、英語は達者なはずだが、いわゆるパングリッシュの悲しさで、会話はできても文字がダメだ。これが、文字から入ったインテリとは逆なところである。

米兵の多くは、ひどいスラングである。狭い日本でさえ方言分布は複雑で、東北人と九州人が会話するとき、しかたがないから手真似を用いたという小話がつくられるくらいだ。広大な米国だから、方言はさらに多様だろう。加えて米兵の多くは教育が低く、手紙さえロクに書けないものがいるという。Aさんのところに、基地内の住宅で暮らす日本人妻が、人目をはばかりながら来る。なんの用かといえば、学校から来た通知を読んでくれという依頼なのだ。子供が基地内の米人学校に通っていて、その通知は父兄会かなにかの通知なのだが、彼女にはそれが読めず、夫は留守だからというのだ。読んでみると、なんのことはない、会合の日時はとっくに過ぎている。

「隣の奥さんにでも読んでもらえばいいのに」とAさんがいったら、その女性は顔を覆って泣きながら帰った。「悪いことをいったと、あとで気づきました。隣の奥さんはたぶん米人で、頼みに行って恥をかくのがつらかったのでしょう」

Aさんは溜息をついた。しかし、こんな依頼までくるから、業務は多忙である。だからいま、事務所をコンクリート三階建てに建築中なのだ。Aさんたち翻訳業務も儲かるが、おなじように英語教室も繁昌している。教室に通ってくるのは、基地内の日本人妻も多い。彼女らは、子供の学校からくる文書に備えているのでもあろうが、なによりも米国へ移ることを考えるからである。米兵と結婚したからといって、自動的に市民権がとれるのではない。三年以上米国に居住してから、その資格が生じるのである。ただしこれは、市民権を与えるかどうかの試験を受ける資格であり、合格するのが一苦労だという。米国憲法や歴史、それに口頭試問などらしいが、問題そのものは易しくても、文字が不自由ならどうにもならない。たいてい失敗する。文字＝言葉の壁が厚いからだが、なるべく市民権を与えたくない試験官が厭がらせをするからでもある。市民権がとれなくても、結婚生活を続けることができる。ただし、夫がいい人物ならである。もし妻に飽きて、一方的に離婚をいいわたすような人物だったら、彼女には致命的だ。市民権がなければ、米国の法律はほとんど彼女を守ってくれないからである。

Aさんがいう。「わたしを通じて、熱いラブレターで結ばれた沖縄人妻が、米国南部から手紙を寄越してきました。夫がほかに恋人をつくって、彼女を追いだしたいものだから、夫婦の寝室に恋人を入れて、隣のベッドでセックスするというんです」

そんな屈辱にも耐えて、手紙の彼女はまだその家に居る。家を出れば、たちまち喰うにもこと欠く羽目になるからだが、いまでは夫婦とは名ばかりで、女中の役目を果たしているのだ。言葉の壁がこんなにも厚いことに、いまさらながら驚かされる。しかも、米国での有色人種への偏見と差別が、さらに重なってくるのである。すでに書いたように、米兵が沖縄の女性を妻にするとき、刑事捜査部が身元調査をする。兵隊の場合は、比較的ゆるやかだが、将校になると、ほとんど不許可になる。人民党員が身内に居ないかを警戒するところからもうかがえるように、機密にかかわることが多い将校の妻が外国人というのが気になるからだろうが、防諜ということだけでなく、将校には教養と品性が必要だとの判断がはたらくためらしい。兵隊ならいいが将校ならダメ、というような判断ひとつみてもわかるように、基本的に差別意識が存在するからなのだ。

Aさんの暗い表情がときどきほころびるのは、次のようなエピソードを語るときである。

「むろんAサインバーの女性になかなかの豪の者も居ます。三人くらいの米兵を同時に手玉にとり、金をまきあげるわけです。プロポーズされたら、前借金の額を誇張して言い、何人もから身受けされるとすぐ行方をくらますわけですな」

そうした豪の者が、稼ぎ貯めた金でバーの経営者になるわけだが、なにしろ例外中の例外である。ほかに羨ましがらせるのは、結婚してすぐ夫がベトナムで戦死したような場合で遺族補償が入るからだ。しかし、なんとも気の重くなるユーモアではある。ささやかな復讐談ではあるが、自分の人間性を放棄したところからしか可能にならない試みだからである。

こんなエピソードもある。結婚を前提に、Aサインバーの前借金を払った米兵が、本国に一足先に帰った。セールスマンになって市民生活に戻ろうとしたが、就職時に保証金が必要だといい、払った前借金をなんとか返してくれと言って来た。女性は、再びAサインバーに入ることでしか、金をつくれない。仕事がうまくいったら、必ず妻に迎えるという手紙を信じて、彼女は米国へ送金した。予想どおり、男からの手紙は絶えた。仕事がうまくいっていないからだろうと、彼女は気にしているが、しかしAさんは、仕事がうまくいけばいったで、こんどは米国で娘を追いかけるにちがいないだろうという。

沖縄の民謡は、たいてい悲恋を歌ったものであるが、哀れな女性は引き続き量産されているわけだ。ときどきジェット爆撃機の発着音にかき消されながら、きょうも隣室のハーニイ嬢のギターは続いている。わたしは昼下がりの部屋で、板壁越しにギターを聞きながら、またしてもぼんやり考えこむ。

（一九七〇年二月）

Ⅳ　不条理の島の苛だち

コーラ割り泡盛の味

沖縄名物といえば、たいていの人が、まず泡盛を思い浮かべるらしい。名前を知ってはいても、まだ飲んでいない人は、「泡盛というのは、やっぱりぶくぶく泡が出るんですか」とたずねる。泡盛は焼酎の一種だから、焼酎を知っている人は、だいたいああいうものだと思えば間違いない。むろんビールじゃあるまいしぶくぶく泡が出ることはないのだが、面白いことに戦後の泡盛は本当に泡を出すのである。

那覇の酒場で泡盛を注文すると、まずたいてい「コーラですか、セブンアップですか」と問いかえされる。これが泡盛の銘柄であるはずはなく、つまり、何で割って飲むかという意味なのである。なるほど、みんな泡盛を注いだコップに氷を入れ、それを清涼飲料で割って飲んでいる。だからよく見ると、泡盛はぶくぶく泡を出しているわけなのだ。泡盛が泡を出すのは、このようにいまの沖縄では常識になっているのだが、コカコーラとかペプシコーラとかセブンアップとか、すべてアメリカ産の清涼飲料のせいなのだから、比喩的にいえばこれもまた、戦後の沖縄を象徴しているのではないだろうか。

沖縄の貨幣は、軍票の時代を経て、いまではドルである。アメリカ本国で使用しているものと、まったくおなじものであることはいうまでもない。アメリカ兵がうようよしている沖縄本島では、滞在しているうちにどこか楽しみながら使う気分になってしまっているが、八重山群島の人里はなれたところにぽつんとある雑貨店で、ラムネでも飲みたい気分で声をかけたとき、「はい、コークなら一〇センです」と店番のお年寄りから言われたときには、なんだかシュンとしてしまった。

ドルは弗、セントは仙と書くのが沖縄式やりかたである。ドルはちゃんとドルと発音するが、セントはセンと発音するだけだ。買物のときはたいてい「一ドル五〇センです」というふうに店員が言う。センは銭を思わせるから、沖縄ルポを書いた人の何人かが、セントをセンと発音するのは、円時代をなつかしんでいるからだ、と解釈している。わたしもそう思いこみ、祖国を想う沖縄の人たちの郷愁は、こういうところにもあらわれるのだと、それを耳にするたびに本土ではすでに流通しない〝銭〟に結びつけていた。

このことを、沖縄で何人かの人に告げた。

「ははあ、仙と銭は似てますなあ」

「なるほど、気がつかなかった」

セントをセンと発音する人たちが、そう言って苦笑する。わたしは最初、彼らがとぼけているのかと思っていた。照れてそんなふうな答えかたをするかもしれないからだ。しかし、どうやらそれはたいへんな見当違いだったようである。

「アメリカ人の発音を聞いてごらんなさい。ドルはダーラと言うし、セントはセンと言います。セントのトは発音のないのがふつうなんですよ。沖縄の人間は、ただそれを真似しているだけなんであって、それを祖国へのノスタルジーの証拠だなんて、だから本土から来る文化人とかいう連中が書くものは甘すぎてだめなんです」そう言って笑いながら、しかしその人は次第に不機嫌になった。

那覇市の高台にある琉球大学の校門近くに一本の枯木がある。それは、大樹というにふさわしい幹なのだが、枝にあたる部分はちぎれたままになっており、幹も地上七〜八メートルくらいのところで折れたままである。

「ごらんなさい。わたしたちにとって、これは広島の原爆ドームみたいなものです」

案内してくれた人が、そう説明した。広島の爆心地に保存されている、あの産業奨励館に比すべき枯木というのは、徹底的に焼きつくし破壊しつくした戦火のなかで、たった一つだけ残った戦前のものという意味なのである。

「ここから海が見えますね。だけど、あのときには海面が見えないくらい、ぎっしりアメリカの戦艦が埋めつくしていたんです」

すこし大仰にすぎはしないか、と思わないでもなかった。いくらなんでも、海面が見えなくなるなんて。しかし、アメリカ軍の沖縄上陸作戦を実際に知る人は、口をそろえてこうも言うのだ。

「雨あられのように弾丸がふりそそぐ、といいますね。まさに、そのとおりでした」

とにかく、想像を絶する、猛烈な砲撃だったのである。建物はもちろん、草木も根本から掘りかえされた。谷間に生じる艦砲射撃の死角にはいくらか残ったが、高台にたった一本、幹だけになったとはいえ残ったのは奇跡的とさえ言えるのだそうだ。

なにもかも焼かれたといえば、酒場で何気なく女性に年齢を聞いたときかえってきた言葉が、ふと思い出された。

「二十六歳だわ。でも本当は三十一歳なの」彼女は、いたずらっぽく笑って説明した。

実際には三十一歳だが、戸籍面では二十六歳として記録されている。戦前からの戸籍簿は役場ごと吹っとんで、戦後しばらく経って、人々は記憶にたよって届け出た。

「おばあちゃんが行ったおかげで、二十六歳の妹が三十一歳にされてしまったわ」

「じゃあ、学校はどうしたの」

「しかたないから、うちが妹の下級生になったわ。似たような人がたくさんいるんよ」

かなり誇張があるように思う。しかし、戸籍簿が吹っとんでしまったのは事実だから、再登録のとき大混乱があったのはたしかで、これは笑えぬ笑い話なのである。いまだに沖縄における非戦闘員の死者の実数は、正確ではない。広島や長崎の場合も、似たようなものではあるが、それにしても沖縄では草一本ずつ掘りかえすやりかたで、徹底的に殺戮がなされたのである。

なんにもなくなった。その、なんにもなくなった沖縄に、物量の国アメリカが上陸してきたのだ。そして、泡盛をコーラで割って飲むようなことが、ごく自然におこなわれるようになった。それを知ってふしぎがるのは本土の人間だけで、沖縄ではもはやあたりまえのことになっている。

もっとも、コーラで割った泡盛は、たいへんおいしかった。

泡盛とコーラを足して二で割る式の沖縄で面白かったのは、祝祭日と日曜日が重なった場合、その翌日が代替ということで、連休になることだった。祝祭日は本土とおなじだが、日曜日と重なった場合は翌日も休みにするというのはアメリカ式のやりかたなのだ。勤め人にとって、休日がふえるのは結構なことだから、「本土も見習ったらどうですか」と言う人がいた。

奄美大島の高校を卒業して、しばらく大阪で働いて、いったん奄美大島に帰り、それから沖縄へ来たという旅行社の事務員が、こんなことを言っていた。

「おそらく那覇は、大阪や東京より、もっと都会的じゃないでしょうか。職業柄、外人にもよく接触しますが、彼らの合理的な考えかたと、那覇の人たちの生活感覚は、びっくりするほど共通しているような気がします。つりを受け取ったらちゃんと数えるとか、口約束じゃなく契約書めいたものをちゃんと交換するとか……」

そういえば、そうなのかもしれない。外人バーでビールを注文すれば、現金と引き換えることを要求されるようなやりかたは、自然に一般にも生活慣習として身につくだろう。奄美出身のその青年が、つりを受け取ってすぐポケットにつっこんだわたしにとがめるような声をかけたのをきっかけに、すこし話をしたのであった。もっとも、わたしはその青年の見かたに同調したわけではない。沖縄人気質というのが、ますますわからなくなっただけなのだ。たとえばタクシーを拾おうとするとき、那覇の人たちはまず列をつくらない。那覇空港の玄関には、タクシー乗り場という表示ひとつなく、なんとなく横に広がって並んでいて、空車が来たらいっせいに駆け寄り、早くドアにとりついた者が乗る。だからといって、もめごとがおこるわけでもない。乗れなかった人はすぐあきらめ、またもとの位置に戻って、おなじことを繰り返すのである。

街のあちこちで「へい！　タクシー」という声が聞かれる。これはアメリカ兵にかぎらない。中年のおばさんが、そう叫んでタクシーを停める光景をよく見かけた。ところが早いもの勝ちで競いあっているかと思えば、飛行場の待合室では実に温和しい。すでに前にもふれたように、沖縄には南西航空という会社があるが、これがおそろしくサービスが悪いのである。出発予定時刻になっても、案内のアナウンスがない。二時間くらい待たせてようやく、整備に手間どっているからしばらく待ってくれ、というようなことを言うが、さらに二時間ぐらいたって「欠航いたしますので、明日の第一便に願います」と、いきなり欠航を告げる。よほどの悪天候ならともかく、航空会社の都合で欠航するのだから、もっと誠意をみせてもいいじゃないか、とわたしは係員に抗議した。すくなくとも、向こうで待ってくれている人に電話くらいしたかったからである。

「これから宿へ引き返さなきゃならないが、その運賃はどうしてくれるか。宿泊費だって面倒をみてもらいたいところだ」と、わたしは抗議した。相手が個人ならあまり言わないが、法人格を相手にする場合、わたしはくどく文句をつけることにしている。

「しかし、故障だから仕様がないんですよ」と係員は繰り返すだけなのだ。

ふと気がついてみると、待合室の全員がこっちを見ている。無表情に、じっと見ている。どうみても、皆の意志を代表してわたしが抗議しているかたちではない。わたしは、次第にいたたまれなくなった。べつに急ぐ旅ではない。ただの観光客なのだ。待合室にいる、貧しい服装の青年が、しきりに隣の人に話しかけていたのは、身内に急病人が出たから急いで帰りたい、という意味の方言だったように思える。その彼が黙っているのに、なぜわたしだけが喚《わめ》かねばならないのか。結局わたしは、逃げるようにその場を去るよりなかった。

沖縄のインテリたちは、謙虚というか自嘲というか「だめです。沖縄人は娼婦みたいなもんです」と、口にすることが多い。

〝食くぃしど我が御主〟

〝上り日ど拝みゆる下り日や拝まぬ〟

というようなことわざも、そのとき教えられた。要するに、食べさせてくれる人が自分の主人である、権威あるものには従うが、権威をもたなくなったものは見向きもしない、といった意味なのである。なにも沖縄にかぎらず、この種の日和見主義や二股膏薬ぶりは、どこだって見られる。わたしがそれを言うと、相手は逆に怒るのだった。

「本土の人間が歴史はじまっていらい、異民族から直接支配されたのは、こんどの戦争に敗けて連合軍から占領された数年間だけじゃないか。しかし沖縄は、中国からたえずおびやかされ、薩摩からは徹底的にしぼりつくされ、いまアメリカに支配されている。ドレイ根性というか属国意識というか娼婦主義というか、とにかくそういう卑屈な精神は、すべてそれに根ざしているんだ」

おためごかしを言うな、自分たちはその現実を痛いほど噛みしめたところから沖縄の将来を考えたいのだ、というふうに話は進んでゆく。

わたしはそれでなにも言えなくなり、べつなことを考える。話を聞いただけで、とうとう確かめることができなかった〝うるまの誓い〟を思ってみる。それは、女性の手の甲に彫る刺青のことなのだ。どんな模様かは知らないが、とにかく刺青を入れる習慣があった。それは、結婚したての花嫁が、二夫にまみえずという誓いとしておこなう行事ということになっている。

しかし実際は、そうではないのだという。刺青は夫への愛の誓いなんてロマンチックなものではなく、必要やむをえざる自衛手段だったというのだ。中国大陸から、薩摩藩から船が来て、いきなり女性に襲いかかる。有無を言わさずにさらって行く。そんなことがしょっちゅうだから、せめて人妻にだけは手をつけないでほしいという願いからはじまった刺青らしいのである。加えて沖縄には、明治時代まで掠奪結婚の形式が残っていた。あらかじめ男女がしめしあわせてやるのならいいが、文字どおりの掠奪の場合は、人妻を避けねばならない。……そのため思いつかれたのが、いうところの〝うるまの誓い〟だというのである。

市内では気づかないが、ちょっとはずれに行くと、チョンマゲを結った老婆が、ひょうひょうと歩いているのに出会う。「あの婆さんなら、手に刺青がありますよ。呼びとめてみましょうか」と、その話を聞かせてくれた人が言う。わたしは、あわてて辞退する。あのお婆さんなら、大正の初めごろ結婚したのだろう。すると、〝うるまの誓い〟は、掠奪とは縁のない、あくまでも夫への愛のあかしなのだから、誇らしく見せてくれるのではないか。そう思いなおしてはみるものの、やはりためらわれる。

そんなふうで、レポーターとしての無能さを自嘲しながら、わたしは老婆の手を見るのをあきらめたのだ。

白ブタと〝はまやぁ〟の対話

沖縄の人たちは、おそろしくサービス精神が旺盛である。世辞はうまくないが、なにかしら相手に尽くそうとするように見える。とりわけ、女性がそうだ。わたしがそれを言ったら、沖縄旅行を経験したあるジャーナリストが「それは錯覚でしょうね」と水をさした。いちおう海外旅行気分だから金は普通の旅行にくらべればたっぷり持っている。いきおい札びらを切るかたちになる。受入側としては、金を落とさせるために愛想よくするのはあたりまえだ。それをもてたと感じるのは、とんでもない錯覚だ、というのである。そう言われてみれば、そんな気もする。思い当たるフシがないでもない。しかし、世界各地を旅行した、べつのジャーナリストは言った。

「だいたい東南アジアとか南アメリカとかいった後進国ほど、旅行者にサービスがいい。端的に言って、女が安い。こりゃあ、やっぱり悲しいことですよ。沖縄もそういう悲しさを持っているなあ」

梶山季之さんが、沖縄旅行から帰って雑誌に書いた。「二ドルで女が抱ける。たった二ドルだ。青年よ沖縄へ行け」と。ハレンチである。わたしは、それを承知で敢えて書く。この数字に嘘はない。かつては、ラーメンつき一ドルといわれた、いちばん安いある街では、一回だけの交渉をこの値段で果たす。一時間なら五ドルである。まわしという朝まで泊まって女性がそばにつきっきりではない場合が十ドル前後、そしてつきっきりの泊まりなら十五ドルか二十ドルである。むろん部屋代はふくまれている。……あなたは、あなたが見聞する、あなたのまわりのこの種の値段と比較してみるがいい。そしてあなたは、なにを思うか？

べつに公娼制度ではない。ただ、売春防止法が適用されないだけである。ということはやはり、公然と売春がおこなわれているのである。そして娼婦たちは、ほかにくらべて安い値段であるにもかかわらず、およそ男の要求を拒むことを知らない。あきらめきったような表情で、いや、それが当然のつとめでもあるからか、顔には微笑を絶やさず身体をひらくのである。

「あんた、あったばじょう」と、娼婦。

「えっ、どういう意味？」と、わたし。

「色が白いと言ったのよ」

「そう、おれは白ブタだ。近ごろ特にぶくぶく太りだしたようだしなあ」

「ふゆうなあ……。ふふ、怠け者ね」

「働き者のことは、なんていうの？」

「はまやあ……」

「すると、君は、はまやあ、かい」

「そう、はまやあよ。朝五時まで、がんばるの。五時になったら、走って家へ帰る。弟や妹が目を醒まさないうちにね」

「すると、両親は知っているわけだね、こんなことしてるって」

「働かねば食べていけないことを、いちばんよく知ってるはずよ」

「嫌だろうなあ、いかに仕事とはいっても」

「あなたこそ、そんなこと質問して」

「………」

ああ、わたしはやはり、白ブタなのであった。

Ｂ52が、まさに寸秒の狂いもなく作戦行動をとり続けている、その嘉手納基地に行ってみたときのことを思い出す。金網の向こうに、黒塗りの巨大な機体が見える。以前は、機体を隠そうとしてあらゆる努力をしていた米軍が最近ではそれをしなくなり、むしろB52の威力をみせつけるかのように人々の目にさらす気配さえもみられるとか。「ときたま取材で基地の中に入ることもありますが、沖縄にもこんな大きな土地があったのか、と立ちすくまずにはいられません」と案内してくれた若い新聞記者は言う。「しかも、まだまだ基地の工事は続けられている。これはやはり、ちょっとやそっとで動きそうにない。なにかしら、絶望的な気分にさせられますよ」

絶望などという言葉をそうたやすく用いるものではありません、とわたしは言いかけるが、しかし中途半端にのみくだす。ほんとうに、この巨大な基地を目のあたりにするとき絶望とはいわないまでも、大きな衝撃を受けるのはわたしにしたところで同様なのだ。取材中に、過去二度にわたり米軍憲兵の取調べを受けたという、この記者は、ためらいがちに語る。

「B52が墜落して爆発したときの恐怖と怒りは、いまさら言うまでもないことです。しかし、はっきり言って、この嘉手納村民のほとんどは一週間後にはもう、怒りを忘れているんですよ。B52撤去？　それは誰かがやってくれるだろう、という調子です。あきらめのよさというか、だらしなさというか……このことをも、わたしたち沖縄人自身の問題として追及していかねばならんと思っています」

わたしは彼が教えてくれた、べつな話を思いださずにはいられない。六九年の二月二十八日、コザ市の外人バーで、米兵がいたずらで店内に催涙弾を投げ込む事件があった。彼が取材に駆けつけると、一人の女給は催涙ガスのせいだけではない涙にくれながら「アメリカ人というのは、わたしたちを人間とは思っていないからこんなひどいことをする」と、訴えかけた。しかし、その女給は米兵から抱かれているのだ。乳房をまさぐっている米兵の手を拒むことはせず、米兵を言葉で非難している。「これが沖縄なんだなあ、とぼくは思いました」と彼は目を伏せた。

沖縄には乞食がいない、と教えてくれたのは、〝はまやあ〟な娼婦だった。「いや、コザで見かけたよ。道端に坐りこんだ男が、前に空カンを置いていた」とわたしが言ったら、「おかしいわ、そんなことないはずだけど」と彼女は不審がった。「だって見たんだよ、たしかに見た」「ひょっとしたらその人、蛇皮線を持っていなかった？」「そういえば民謡みたいな歌をやっていたなあ」「ほら、ごらんなさい、乞食じゃないわ」「だって空カンを置いて……」「だからそれは、歌を歌ってお金をもらっているわけさ。乞食なんかと一緒にしないでちょうだい」

まさに、彼女の言うとおりなのだ。道端にただ坐っていただけでは、空カンには一セント玉だって入りゃしないのだ。焼きつくされ、破壊しつくされて、追いこまれた収容所のテントから出て自分の土地へ帰ろうとしたら、そこはすでに滑走路にかわりつつあった。抗議し抵抗し、軍用犬をけしかけられカービン銃でおどかされ、人々は言いなりになるよりなかった。喰うためには、チリ紙から戦車まで取り扱うという、巨大な基地の働き蟻になるか、富める国の兵隊たちの排泄の欲求を満たすために身体を横たえるしかなかったのだ。

〈売春が人としての尊厳を害し、性道徳に反し、社会の善良の風俗をみだすものであることにかんがみ、売春を助長する行為等を処罰するとともに、性行又は環境に照して売春を行うおそれのある女子に対する補導処分及び保護更生の措置を講ずることによって、売春の防止を図る……〉

引用したのは、本土で一九五八年四月一日から実施された、売春防止法の趣旨である。〝人としての尊厳〟〝性道徳〟〝社会の善良の風俗〟うんぬん、この文章を起草した人物は、いちど沖縄へ行って娼婦の溜り場で朗々と読みあげてみるがいい。そんな結構な、尊厳や道徳や善良の風俗があれば、そもそも売春なんかが盛んになるわけはないのだ。それとも、悪いのは娼婦で、彼女らがやっぱり責められるべきなのだろうか。

――売春なんて！　私だったら、たとえ乞食になっても、そんな身体を売るなんてことはしないわ。

本土で、さるご婦人がおっしゃった。いかにも、結構なお心がけです。しかし、ちょっと待ってください。そこは銀座でも御堂筋でも東中洲でもないんです。沖縄で、空カンを置いてただ地べたに頭をすりつけて、いったいあの荒廃のなかで誰が金をめぐんでくれたでしょうか。〝乞食になっても〟というが、その乞食がなりたたなかったのが沖縄なのです。

はまやあ、はまやあ、うちは、はまやあ。自らを働き者と称して、娼婦は口ずさむように繰りかえし言う。白ブタは、まさに消え入りたい思いで、暗闇へ向かう。娼婦と別れて、タクシーに乗る。どこへだっていい、とにかく走ってくれればいいと告げる。

「困りますよ、どこへだっていいと言われてもね」

「だって、どこへだっていいと、ぼくが言っているんだから」

「何時だと思っていますか。もう温和しく旅館へ帰ったほうがいいのに」

「門限時間が過ぎましてね、帰ろうにも帰れないんですよ」

「それなら、さっきのとこで泊まればいいのに」

「とにかく、走ってください。夜が明けたら、降りますよ」

「困ります。ただ走れと言われても、どこへ行けばいいかわからないのじゃあ」

「メーター料金をちゃんと払いますから、心配しなくていいですよ」

「じゃあ、ホテルへ行きなさい。知ったところがあるから、頼んであげる」

「いいんです、ここで眠ります。適当に走っていてください」

運転手は、初老の人だった。酔っぱらいにからまれてどうしようもない、そんな気弱な微笑をくずさず、ひとまず走り出す。猛烈に眠い白ブタは、それで安心して後部シートに太った身体を横たえる。スピードが増す。みるみる増す。五セントずつ加算されるメーターの、カチッと鳴る音の間隔が短くなってくる。構うもんか、これぐらいなら払えるさ。白ブタは、財布の所在をたしかめて思う。

「お客さん、お客さん」

運転手が呼んでも、ずるい白ブタは答えない。乗り逃げか、あるいは強盗か。運転手がそれを測りかねているように思える。しかし、タクシーは走っている。スピードもあいかわらずだ。イチかバチかだ。生意気な白ブタめ、あとでメーターを見て腰を抜かすなよ。運転手がそう決心したように思える。ふてくされた白ブタは、ずるく笑う。みろ、おためごかしを言いやがって、やっぱりメーターのために走るくせに。行先がどこであれ、目的がなんであれ、タクシーは走るものに決まっている。走れ走れ。

上がれ上がれ。うそぶきながら、やがて白ブタは本当に眠る。

「お客さん降りるんだよ。降りなさい」

タクシーは停まっていて、後部ドアを開けた運転手がわたしの手足を引っぱっている。

「頼んであげたから、ここで寝なさい」

「ホテルはいやなんです。だから……」

しかし、ホテルの玄関ではない。どこか黒い建物の前なのだ。

「メーターの料金、ちゃんと払うといったでしょう」

「いいから、降りなさい。ここなら、無料で泊まれるんだよ」

ブタはブタ箱に泊まるのがふさわしい。無賃乗車の疑いか、それとも泥酔者保護か。なんでもいい、降りてやるさ。わたしは、肩肘いからせて、タクシーから降りる。しかし、そこは警察署ではなく、タクシー会社の営業所なのであった。

「仮眠所があるから、そこで寝なさい。それから、ええっと、料金は一ドル五十五センですな」

仮眠所のベッドで眠りこけたわたしが目を醒ましたときには、もう陽が昇りきっていた。表通りの騒音が、うるさくここまで伝わってくる。ベッドの窮屈さが気になったが、隣からいびきが聞こえてくることだし、あまり身動きしないように用心しながら毛布を引き上げて、音と明りを遮るために頭をすっぽり包んだ。体臭が染みこんでいる毛布だった。いろんな人の臭いが混じりあっている。街を走りまわる運転手の、つかの間の休養の場だが、やはりわたしみたいに行くところのなくなった酔客がまぎれこんだりするのだろうか。わたしは、毛布をさらに鼻にこすりつけて想像してみる。あの臭いは、そしてこの臭いは、どんな男が残して行った臭いなのだろう。べつに男色の趣味はないはずだが、わたしには毛布に染みついた体臭が心地よかった。いつもなら宿酔で、自分に関する記憶のすべてを一瞬に消してくれる薬はないものか、と思うところだが、優しかった運転手との言葉のやりとりを、いちいち反芻したい気分でさえある。あの運転手の臭いは、このうちのどれだろうか。犯罪規模が六大都市並みということの沖縄で、もし路上に放り出されていたら、どうなっていたことか。その人の律義そうな言葉づかいが、もて余したような気弱な微笑が、いまさらのように思い出される。沖縄だったからこそ、こういう人に会うことができたのではないか。むろん、不愉快な運転手にも出会った。一時間なら一時間だけ、時間つぶしにタクシーで回ってみたいと言ったら、だいじょうぶたっぷり見れます、と言って神風ばりの猛スピードで走り、行ってみたいとも思わないところまでハンドルを向けたのは、あれは明らかにメーターを上げるためだったのだ。もういい、と言ってもなお走ったのは。しかし本当に、少しでも多く見せてやりたいという親切心じゃなかったのか。いや、いくらなんでもそんなことはない……。

毛布の臭いを嗅ぎながら、とりとめもなくいろんなことを思い巡らせた。ふっと、新聞記事の記憶がよみがえる。あれはたしか、六八年九月十八日付の『沖縄タイムス』だった。沖縄から労務者として名古屋へ行った人たちの集団のことだ。名古屋の雇主は、人手不足に悩んでいることだし、なんとしても沖縄からの人たちを引きとめておこうとしてパスポートを〝あずかった〟のである。パスポートが手元になくなれば、そこを動くことはできない。本土の出張者のようなわけにはいかないのだ。その労務者たちは、どんなに口惜しかったことだろう。職場をかわることさえ叶わぬのも、すべてパスポートのせいだ。口に言う、態度に示す差別よりもなによりも、これが現実にある差別でなくてなんだろうか。その人たちは、毛布にくるまって、口惜し泣きをしたのではないか。その臭いは、強く毛布に染みついたことだろう。いや、そんなことはない。パスポートを取り上げられた人たちは、泣き寝入りをしなかった。声を大きく抗議したからこそ、その差別が明るみに出て、新聞記事にもなったのだ。しかし、その記事は本土の大新聞には載っていなかったようだ。

隣でいびきをかいていた人が目を醒ます。わたしも、毛布から頭を出す。目が合った。不愛想な相手の表情に気づく。あわてて会釈したら、あいかわらずむっとしたような表情だが、すぐこたえる。たいていこういう調子で、最初のふれあいがあるのだ。

「すみません。転がりこみまして」

「いや、べつに、それより、窮屈だったでしょう。ベッドが狭いからねえ」

三十五歳前後というところか、赤銅《しやくどう》色の肌をしたその人は、ランニングシャツひとつだ。〝うるま〟という名前の、沖縄タバコをすすめられる。タバコを断わったところ、なぜだ、というように鋭い目つきになったので、もともと吸わないのだと答えたら、ようやく笑顔をみせた。

「そのぶんだけ、酒を飲むというわけですな」

「そういうことで……。きのうの運転手さんには、すっかりご迷惑かけました。親切な人だったので、恐縮しています」

「本当にね。ああいう人にこそ、免許がおりなきゃならないのに……」

「免許といいますと」

「個人タクシーですよ。ずっと以前から申請していたんだけどねえ、なにしろ、献金をしないものだから」

タクシー汚職のことだった。これは、琉球新報社のねばり強いキャンペーンによって洗いだされたのだが、沖縄の有力者たちに一千ドル前後の献金をすれば、それで個人タクシーの免許がとれたというあれだ。主席公選のとき立会演説会場で、自民党側は「あれは足にできたオデキみたいなものでたいした問題じゃない」というような誤魔化しかたをして、ひんしゅくをかっていたが、それはやりくちがいかにも単純で、大阪の冷房料金や東京の大会社による個人免許阻止などで大金が流れているのは、いつのまにかうやむやにされただけで、なにも沖縄だけとはかぎらないのだが。

「歴代の主席は、みんな一生遊んで暮らすことができるくらい、汚職でためこんでいるんですよ。その点、屋良さんは信用できるなあ」ランニングシャツの運転手は、次第に饒舌になってくる。「しかし、われわれ運転手が、個人免許を取るだけがたった一つの目標というのは、いかにも寂しいです。バーのホステスが、ママになる日のためにせっせと働いて、貯めこんでいるのと、ちっとも変わりゃしない」

「あなたも、貯金していますか」

「少しはね。しかし、月に百二十ドルやそこいらの給料じゃどうにもなりません」

ということは、円に換算すれば約四万三千円か。東京で聞いたら、六万円か七万円という返事だったような気がするが。

「六畳一間借りて、だいたい二十ドルから二十五ドルですからね、生活は苦しいです。みそ、しょうゆにしたところで輸入しなきゃならないでしょう。どうしても割高ですしね」

そんな話を聞くと、忘れていた宿酔が急に身体を包む。はあ、はあ、とうなずくだけである。住宅なんとか公社が募集していた2DKアパートが、那覇郊外で三十四ドルだったようだ。一万二千円ちょっとという家賃は、東京の郊外ならまあまあ安いほうだが、地方都市として考えたら、やはり高い。高い高い、なんでも高い。本土より安いのは、関税の関係でそういうことになる時計や貴金属や洋酒や装身具など、要するに舶来品だ。地元産で安いのは、そう、娼婦の値段だけ。

歌と踊りとトカゲのシッポ

仮眠所を出て、街を歩く。いかに旅行者とはいえ、人々が活動をはじめた時間だから宿酔の身体をもて余す。ああ、太陽がまぶしい。大衆食堂の看板を、なんとはなしに眺める。天丼60¢《セント》、かつ丼60¢、肉丼50¢、玉子丼50¢、親子丼50¢、あしてびち45¢、あしてびちとはどんな食物か。名前に興味をもっていつか注文したら、ドンブリの中でコンニャクとコブ巻と肉塊が泳いでいた。肉は、柔らかく煮た骨付きのものだった。なぜ、あしてびちという名前なのか。足手びち。豚の足と手だから、と娘さんは教えてくれたが。なにか喰おうか、と思うが、朝からやっている食堂はまずない。土産物屋のほかに開いているといえば、本屋くらいだ。その一軒に入る。どの店も売場面積は広い。沖縄の書店には本が揃っていない、と聞いていたが、そんなことはない。発行部数の少ないわたしの短篇小説集が、二冊ともあった。照れくさいが、やはり自分の本に出会うと、うれしいものである。ただし、喜ぶのは早い。ここは図書館ではなく、書店なのである。棚に並んでいるのは、要するに売れ残りということになる。表紙がすっかり手垢だらけになったものや、すっかり月おくれの週刊誌までが並べてあるが、べつに古本屋ではない。本や雑誌は、すべて輸入品である。だから返品がきかない。売れなくても、いつまでも並べておくより方法はないのである。ずっと以前に発行された本まで並んでいるのは、そのせいだ。とにかく、ここで本を買うとする。そこには、定価三百円と印刷されているとする。「一ドルいただきます」と言われる。待てよ、一ドルは三百六十円じゃないのか。一ドル対三百円とは、円の値段がいつのまにこんなに高くなったのだ。むろん為替交換レートではない。本の値段だけがそうなのである。輸入品だから、返品がきかないから、だから本の値段が高い。

——本土なら、週刊誌が一冊オマケにつくようなもんです。そのぶんだけ、われわれは余分な金を払わなきゃならない。いや、払えないから本を買うのをガマンする。口惜しいが、それだけ格差がまた生じるわけです。

若い新聞記者が、そう説明した。その人は、「沖縄が文化の砂漠といわれるのは、本の値段にも関係があるといったら言いすぎでしょうか」とつけ加えた。もっとも、どこへ行っても文化の砂漠という言葉を聞く。そもそも、文化のオアシスなんて、ないんじゃないか。だがそれにしても、本の値段が高いのはよろしくない。外国の本ならともかく、おなじ言葉でおなじ記号でなによりもおなじ国の本なのに。

文化といえば、文化人の声がよみがえる。タレント議員の石原慎太郎さんは、主席選挙の応援演説でこうおっしゃっていた。

——学力テストの成績をみると、沖縄は全国平均より10点も低い。これはなぜか。教師の質が悪いからだ。なぜ悪いか。教師が教育をおろそかにしてくだらない政治活動ばかりやるからなのである……。

教育を批判し、教師を攻撃することが、すなわち革新共闘会議を、屋良朝苗さんを敗北させる戦術だった選挙だから、あるいは心にもないことを言う必要があったのかもしれない。なにも学力テストの点数が教育のバロメーターではなかろうが、しかし沖縄がおくれているのはたしかだ。ただ、その原因をどこに求めるかである。教師の政治活動を言うなら、本土だって、右翼はしょっちゅう日教組を攻撃しているではないか。沖縄だけがテストにおくれるのが政治活動に原因するというのなら、保守派の日教組批判は論拠を失うはずである。石原さんは、本屋を覗いたのか。それでなくても経済的に負担能力の低い親が、参考書一冊買おうとしても、すでに本土との差があるのだ。基地周辺のあの爆音が、教育に悪影響しないというのか。ある日、子供が飛んでいる飛行機めがけて石を投げた。当たるはずもない。当たったにしても落ちるはずもない。子供は、爆音に腹を立てて、ささやかなうさ晴らしをしたのだ。たまたま、アメリカ軍の高級将校がそれを目撃した。そして、子供は連れて行かれた。この子供を護るために教師が行動を起こして、それが、なぜ偏向教育であろう……。

街を歩く。選挙の喧噪が嘘のように感じられる。つい数日前まで、興奮のルツボだった街だが、いまはもう、ありふれた地方都市の表情だ。いや、それは目を閉じたらの話だ。那覇市の繁華街から海岸のほうへ歩くと、たちまち金網へ突き当る。

〝軍用地内へ侵入するな〟

〝駐車禁止〟

〝港湾保安官の文書の許可なしに写真撮影を禁ず〟

〝警告。この施設は第二兵站司令部の司令官が米国陸軍の規定三八〇―二〇に依り、立入制限地域とす。無断立入りを禁ず。此の地域に出入りする全ての者及び車輌は、検閲を必要とする〟

白ペンキの板に、黒々と書きつけた看板があちこちにあるが、立小便をやめろとは書いてないわたしは、金網越しにそれをやる。これも巨大なトレーラーがゆっくり降りて来る。星条旗が、いくつか見える。巨大な輸送船の腹から、これも巨大なトレーラーがゆっくり降りて来る。黄色いヘルメットの労務者たちが、トレーラーを追って走る。変圧器の近くをパトロールしているガードが、立小便のわたしに気づいて立ちどまる。沖縄の青年だろうが、お仕着せの制服はどうやらだぶつき気味のようだ。放尿は終わりかけているが、わたしは努力して続ける。ガードは、きょろきょろ周囲を見る。星条旗が見えるだけで、アメリカ兵の姿は見えない。それでガードは、早く終われというように顎をしゃくる。基地内の芝生何十センチ平方かにコヤシをくれてやっただけで、わたしはズボンのファスナーを閉める。司令官でも現われたら、尻をまくって糞を垂れてやるところだ。恥知らず。大馬鹿野郎。気違い。司令官は怒鳴るだろう。しかし、わたしは怒鳴りかえしてやるだろう。よく聞け、このおれより、お前たちのほうがもっと恥知らずなんだぞ！

糞尿で思い出した。沖縄本島の南部に、豊見城という部落がある。ここの畑でつくられる野菜は、アメリカ軍の兵隊たちの胃袋におさまる。さしずめ、御料地というところであろうか。ただし、宮内庁がどんな注文をつけるかは知らないが、アメリカ軍は豊見城の人々に厳重に、畑に決して下肥《しもごえ》をつかってはならぬと申し渡している。寄生虫が心配なのであろう。しかし、お前らの糞尿を吸った野菜を口に入れるのを想像しただけで怖気がふるう、とでも言いたいのではないか。キュウリは周囲○センチ、長さ○○センチのものを納入すべし、トマトまた……といった調子で、きびしい注文がつけられる。むろん、ここへ勝手に指定の野菜以外のものを作ることは許されない。それでもアメリカ軍は心配だとみえ、ときおり本国から検査官が来て、畑の土を試験管に詰めて持ち帰り、怪しからぬものが混入していないかどうか、厳重に検査するとか。外人バー街ではないが、ここでもまた、Aサインをもらわないことには、たちまちゆきづまるのである。

那覇港には、六万キロワットの火力発電船が停泊している。それを琉球電力公社が、配給するわけである。水道もまた、似たようなやりかただから、住民はあくまでも従で、主はあくまでもアメリカ軍である。水源の乏しい島だから、ちょっとした日照り続きともなれば、たちまち一般家庭は制限給水になる。それでも、金網の向こうの広々とした庭をもつアメリカ軍人の家では、まさにシャーシャーと芝生に水をやったり車をていねいに洗ったりしている。それだけではない。電気も水道も、本土にくらべれば使用料がうんと割高なのだ。それでも文字どおり生殺与奪を握られている以上は、ありがたく配給にあずかろう、と思いたいところだ。しかし、なんのことはない、電気と水道でアメリカ軍は利益をあげているのだ。そのちゃっかりぶりには、驚くほかはない。基地を維持するために莫大なドルが投じられ、それが沖縄住民の収入の多数を占めるわけだが、そのドルを回収する努力も、こうしておさおさ怠りないのである。アメリカ軍専用のクラブがある。基地に働いていても、日本人は絶対に立ち入らせない場所であった。ここでは税金のかからないウィスキーが、街よりずいぶん安い値段で飲める。沖縄の住民は、いつか日本人の立入りも許されるときがこないものかと待っていた。すると一年ぐらい前から、週のうち何日かは立入りが自由ということになった。左党の人たちは、大喜びで駆けつける。そして、それはいまでも続いているのだが、開放の理由というのは、きわめて明快なのである。すなわち、ドル防衛……。

わたしは、金網をはなれて、ふたたび中心街に戻る。〝奇跡の一マイル〟を横断して、その裏通りへ出る。このあたりも、低い軒の家がひしめきあっているが、国際大通りをはさんだ海岸側のスラムとはいくぶん違って高台にあるため、ドブの臭いに苦しめられずにすむわけである。ここには、壺屋と呼ぶ焼物工場が集中しているのだ。もっとも、工場とはいっても、いたって小規模のものだ。朝鮮式の登窯で、壺や茶器や鉢や皿や魔よけの唐獅子などが焼かれている。ここで泡盛のための容器を買おうという魂胆で、わたしは宿酔の足を運んだのだった。

「ちょっと見せてください」と言ったら、縁側に寝ころんでいた髭《ひげ》だらけのおじさんが、面倒くさそうにうなずく。後でわかったのが、この人はずいぶん有名な陶芸家なのであった。とにかく、抱瓶《だちびん》というのが気にいった。陶器の水筒といった格好で、両端に紐をかける穴があり、肩から吊るすのだ。それなら、べつになんということもないが、この抱瓶は上から見ると半円形になっている。内側が曲線を描いているわけで、どういうことかというと、円形にくぼんだ部分が、ちょうど腰の骨にはまるのである。これで、非常に安定がよい。激しい動きの漁師は、抱瓶に紐をかけ肩から吊るし腰に当てはめて沖へ出る。中に詰めるのは、むろん泡盛である。

もっとも、抱瓶を持って漁に出る人たちはほとんどいなくなった。泡盛はたいてい、ガラスのコップに注がれ、清涼飲料水で割られるのである。それが、今日の沖縄なのだ。

――なくなったほうがいい。古いものは、なんにも要らないんだ。残すことなんかないんだ。

泡盛をセブンアップで割って飲み、したたか酔っぱらった青年が喚いたのはいつだったか。酒場のジュークボックスが琉球民謡をならしはじめたとき、彼が「この音楽は好きか」と聞いたのだ。「よくわからないが、気分はわかる」と、わたしは答えた。「わかるもんか。お前さんにわかってたまるか」「うん、わからんよ。わからんが、気分はわかるんだ」「ばか、わかったような口をきくな」青年は、わたしに悪い感情を持ったようだった。面と向かって罵倒されたのは、沖縄に来て初めてだったから、わたしはただ、ぽかんとしていたのである。

――歌も踊りも、観光客のためにあるだけで、おれたちには関係ないんだ。

それは嘘だ、とわたしは思った。その青年には関係ないかもしれないが、多くの沖縄住民には深く愛されているはずなのだ。ラジオのスイッチを入れると、たいてい、あの独特な節まわしの琉球民謡が流れてくる。残念ながら、耳から聞いただけでは、まるで意味がわからない。文字で見ると、いくらかわかるから、おぼえてきたものを引用してみよう。

〽枕並べたる　夢のつれなさよ
　月や西下がて　冬の夜半（諸屯節）

〽別て面影の　立たば伽召しうやれ
　馴れし匂い　袖に移ち有もの（しょんがね節）

〽逢はぬ夜の辛さ　他所に思いなちやみ
　怨みても忍ぶ　恋の習や（伊野波）

いかにも南国らしい、恋の歌ばかりだ。これらの民謡を、どこへ行っても聞くことができる。選挙のとき、宣伝車はたいてい民謡を流して走り、演説する場合だけ中断した。ジュークボックスに、グループサウンズの歌とこういった民謡が同居するのも、沖縄なればこそかもしれない。そして、古典舞踊も大切にされている。琉球古典芸能祭という舞台を見たが、プログラムにある出演者紹介の欄を読んでみて、これがありきたりの行事ではなく深く根を張っていることがわかった。踊りの師匠もいるが、軍雇用員、タクシー運転手、教員、主婦、農業などなどの職業が並んでいて、決して観光客向けににわかに編成されたものでない証拠に、会場にはほとんど観光客らしい姿はなかった。

青年が、なぜ民謡を嫌い、舞踊を嫌うのかはわからない。ただ、宮古島で聞いたこんな話を思い出した。島出身者で、本土で〝成功〟した人が郷里へ久しぶりに帰った。島の人たちが初めて見る夫人を伴っていた。出迎えた人たちは、べつに準備していたわけではないが、熱狂の余りについ歌い、つい踊りだした。夫人は目を見はった。〝成功〟した人はあわてて人々を制した。南洋の土人じゃあるまいしやめてくれ、と怒鳴ったとか怒鳴らなかったとか。青年の腹立ちも、あるいはこのエピソードにつながるものがあるのかもしれない。しかし、新主席の屋良朝苗《やらちようびよう》さんが東京へ佐藤首相と会談する目的などでやって来たのを報じるテレビを見ていたら、歓迎する県人会の人々の踊りの輪の中に、屋良さんも飛びこんでいたようだから、やはりその青年や〝成功者〟のほうが例外なのではないか。

沖縄からの帰りに、奄美大島へ寄った。かつて沖縄とおなじように、分離統治されていた奄美群島だが、昭和二十八年に〝返還〟されているから、沖縄からみればここも本土なのである。そして、沖縄の復帰後をうらなうとき、人々はまず奄美はどうなっているかを知りたがる。わたしが立ち寄ったのも、まさにその興味からだった。しかし、奄美には基地らしい基地があったわけではないから、沖縄と比較して論じることはむずかしいのではないか。

飛行場から名瀬市までの一時間余、わたしはただ、噂に聞いた以上の悪路に驚き、かつあきれながら、マイクロバスの中で宙に浮いたり床にたたきつけられたりしたが、決して不愉快ではなかった。基地ゆえの舗装道路より、たとえ悪路でも基地のない島の平和のありがたさのようなものが、旅行者のわたしにもひしひしと感じられた。むろんこの平和が、みせかけのものであることはわかっている。それは日米安保体制下における北海道でも、東京でもおなじことだろう。だがすくなくとも、ここでは空からトレーラーが降ってくるような天変地異はないし、B52の爆発に逃げまどう必要はない。いうまでもなくその安心感は、中野好夫さんの比喩を借りれば、身の危険をおぼえたトカゲがシッポを切り捨てて逃げたからにほかならず、シッポはいま本体に復帰することを熱望しているのだから、まさに本土との真の意味の〝一体化〟がなされねばならないのだが。

奄美には、しかしハブがいる。おっかなびっくり外へ出るわたしを、「沖縄にもハブはいましたのに……」と宿の人が笑った。そういえばそうだが、ハブなんかとはくらべものにならない恐いものだらけの沖縄だから、ついぞ思いをいたさなかったというわけだ。とにもかくにも、本土復帰した奄美の人がイモとハダシで暮らしているはずもないことを、この目でたしかめた。港湾が整備され、飛行場も六十人乗りが発着して、復帰十五年間の発達ぶりは目をみはるものがあるのだ。ただ離島の苦しみはここにもあり、名瀬市は物価指数が最高という、ありがたくない日本一の都市なのである。

名瀬市に昭和三十年いらい住んでいる、作家の島尾敏雄さんに会った。

「奄美は、九州と沖縄の谷間ですからね、陽がささないのです」

島尾さんは、返還される前とその後の奄美を比較して、次のようなことが言えるのではないかという。それは、分離されていたころの奄美大島は〝奄美のルネサンス〟といってもいいくらい、文化的にかつてない高まりをみせたが、返還後はすっかり〝北向け北〟で奄美独特のものを失ったというのである。劇団が生まれ、週刊誌も発行され、研究サークルも活動したのに、それがたちまち中央文化圏に遠隔操作されるようになったらしい。

奄美地方庁では、地元の人たちが仕事をしていたのに、返還後は自治庁や県庁から送りこまれた吏員たちが、たちまち中枢を握ったという。文化面だけでなく、政治の面でもこうして中央集権化されてゆくわけだ。そういえば、沖縄県の役人で沖縄出身者だったのは課長どまりだったと聞いた。大学を三つ持ったいま沖縄に人材はあるはずだから、もはやそんな事態を迎えることはないだろうが……。

粘り強い抵抗で主席公選を勝ちとり、さらに即時全面復帰を唱える人を当選させた沖縄の人たちである。あとはそのプログラムを具体化するために、いっそうの前進をなしとげるだろう。その屋良新主席を迎えた佐藤首相が、協力を約束して握手をしたという。選挙中に言った、野党候補が当選した場合は協力したくない、というのは方便だったのか。だが、後者は方便でなく本音であったことはいうまでもない。たとえ与党が勝ってもやる気がなかった首相の協力の約束は、日米安保体制護持のために危険このうえない屋良新主席のキバを抜く目的ではなかろうか。

（一九六八年十二月）

V　ひめゆり丸の健児たち

沖縄病患者の船酔い

二度目の旅の帰りは、船だった。船酔いがこわいから乗りたくなかったのだが、あえてそうした。飛行機なら東京まで二時間半だが、船は琉球海運ご自慢の〃ひめゆり丸〃で四十八時間かかる。やくざな自分に、身体ごと沖縄の遠さを思い知らせるには、船旅の経験がやはり必要な気がしたからだ。

三月四日の正午、出港した。そして予期したとおり、いや、予期していた以上に船は揺れて、沖縄の遠さをしたたかに思い知らされた。一昼夜というもの、大揺れに揺れて、食事は三度ともノドを通らなかった。同室だった旅行社勤めの青年が、こんなひどい揺れかたは初めてですよ、とぼやきどおしだったから、どうやら運が悪かったようでもある。用心して胃を空っぽにして乗ったし、その後もなにひとつ食べなかったから、吐気はあっても吐きだすものがない。それでも洗面器をかかえて、ポロポロ涙を流しながらゲエゲエ声だけをあげた。そんな自分の姿を、ふっと滑稽に思ったが、しかし船に乗ったことは後悔しなかった。どの船室でも、おなじような状態であり、他の乗客たちと苦痛を共有することによる、ある快感のようなものさえ、わたしのなかにあった。実際、それはバカげた感傷ではある。苦しんでいるのは自分だけではない、という思いがもたらす快感かといえば、それはだいぶ違う。乗客のほとんどは沖縄の人たちであり、わたしはその人びとと一緒に船酔いに苦しんでいる自分の姿を好ましく思ったわけなのだ。

こんなことを書けば、この話に接しただけで、不愉快になり吐気をおぼえる人があるかもしれない。しかし、そのとき確実に快感があったのだから、わたしは正直に書くよりないのだ。たかが船酔いの経験くらいで、沖縄の人たちと苦しみを共有したとしたり気に書く――その自分に、当のわたしが腹を立てている。船酔いは、あくまでも船酔いでしかないのだから。だが、わたしは二度の旅行で、船酔いの苦痛を共有することでしか、沖縄の人びとの苦痛を知ることはできなかった。いかに沖縄の人びとの苦痛を、心情的に理解しえても、それは言葉を通じてのものであり、しかもその同情がいったい何だというのだろう。こんどのルポルタージュにとりかかって、わたしは初めて沖縄問題をかかえはじめたのであるが、はっきりしていることは、沖縄の人びとにとっては戦後二十四年間というもの、毎日毎日が沖縄問題そのものということなのだ。沖縄病というのがあるそうだ。たとえば本土の大新聞の特派員は、沖縄へ赴任してから半年間ぐらい、見るもの聞くものすべて驚きだから、怒りをこめて沖縄の現実を記事にする。しかし、半年たってみると、いくら記事を書き送っても、沖縄の現実がなにひとつ変わらないことに気づき、彼は絶望的な気分になる。だから、おざなり記事しか書かない。そして二年目になると、立ち直って努力するか、いい加減にお茶をにごして本土へ帰れる日を待つだけか、どちらかのタイプに分けられるというのだ。半年ごとに、症状が変わる。さしずめ、現在のわたしは、沖縄病患者で、症状は第二期というところらしい。おざなりな原稿を書いているという自覚症状はないが、読者諸兄にはそうみえるのではないか。いずれにせよ「核兵器を枕に寝ている」沖縄の人びとと別れて、わたしは東京へ帰ってしまう。これは、確実な事実である。わたしが、やくざな身体を通じてたったひとつ沖縄の人びとと共有した苦痛が、船酔いだけという、どうしようもない事実。洗面器をかかえて、ポロポロ涙を流しながら、ゲエゲエ声をあげたときの快感こそ、沖縄病の症状だったのだから——。

この船には、若い乗客が多かった。それもそのはず、集団就職の若者たちと一緒になったからである。新聞報道によれば、高卒の就職者二一六人で、関東方面行き第二陣なのであった。みんな胸にセルロイドの名札をつけており、「群馬県○○鉄工所」「新宿区△△ストアー」「栃木県××パン」などなど書かれている。わたしは、那覇港のすさまじい見送りの光景を思いだす。それは、まさにすさまじい光景だった。出港時刻ぎりぎりに駆けつけたわたしが、危く乗り損なうくらい、岸壁にはたいへんな数の見送人が詰めかけていた。乗客一人あたり、五人くらいの見送人だろうか。別れのテープを、早々と投げているものだから、船と岸壁とはおびただしい量のテープでつながれており、いざ出港というときつなぎとめるのではないか、と本気に心配させられたほどであった。見送人たちは、紙包みや餞別を渡そうとして、前へ前へと詰めかける。中年男が一人、岸壁からこぼれ落ちてはっとさせられたが、なにやら食物が入っているらしい箱を差し上げて、無事に浮かび上がった。全身ずぶ濡れの彼は、しきりに誰かの名前を呼んでいたが、あの混雑だからおそらく渡せなかったのではないか。

「○○おじさんからじゃ。着いたら礼状を書けよ」

「しっかりやれよ。しっかりな。しっかりだぞ。ええか、しっかりな……」

涙でたくましい表情をくしゃくしゃにした大人たちが、口々にそんなことを言って、一ドル紙幣や五ドル紙幣を、船べりの若者たちに渡す。少女が四人、岸壁でコーラスをはじめた。騒然とした光景のなかで、その歌声はかき消されがちだったが、しかし精一杯の声を張りあげている。彼女らに送られるのは、どの若者だろうか。たしかめようとしても、乗客のほうは全員がしっかとテープを握りしめて涙を流しているから、わからない。そしてたぶん、それはわからなくてもかまわないのだ。

ドラが鳴り、汽笛が響きわたる。船が、ゆっくり岸壁をはなれはじめた。言葉にならない声が、送る側と送られる側の双方からあがり、そのどよめきを裂くように指笛が鋭い音をたてる。指を口のなかにさしこみ、ピピーッとやるあれだ。沖縄の人たちは、指笛が得意だとか。たとえば農村では、闇の中ですれちがうとき、これがあいさつがわりになる。テープが千切れてゆく。最後の一本が、切れた。いかにもきかん気の腕白大将という感じの、ニキビだらけの大柄な少年が、大粒の涙をポロポロこぼしている。その涙を、吹きつける風がもぎとり、近くに立っていたわたしの頰を打つ。船内スピーカーから突然、軍艦マーチが流れはじめる。岩壁の人びとは、船を追って横へ移動し、指笛はまだ鳴りやまない。本土からの求人は、実に二万人に達しそうだが、琉球政府労働局の話では、今年の新卒者のうち本土就職者は二八三二人だという。

那覇港の岸壁では、だからこのような見送り風景は、まだ何回も続くのであろう。湾を出ると、もう揺れがはげしくなった。若者たちは、まだ船べりに群がって、小さくなってゆく見送人の集団に、手を振り続けている。早くも船酔いをおぼえ、わたしは急いで船室へ戻ることにした。ふと気がつくと船内スピーカーの音楽は、軍艦マーチから君が代行進曲にかわっていた――。

揺れを少しでもやわらげるために、船はだいぶ速度を落としている。屋久島と種子島のあいだを通過して、九州本島沿いに航路をとる。まだ揺れは続くだろうということだった。船長のそんなアナウンスを聞きながら、その昔、船がまだ小型だったころ、人びとはどんなに苦労しただろうか、とわたしはしきりに思った。いまでさえ、こんなに苦しいのだから、小型船の旅は想像を絶するものだったろう。悪質な口入れ屋にだまされて、荷物同様に積みこまれた沖縄の人たちが、苛酷な労働が待ちうける本土へ運ばれた話を、あちこちで聞いた。むろん、戦前の話である。船が動きだして、早くもだまされたことに気づいても、飛び降りることもならず、じっと苦しみに耐えたという人が言った。

「苦しかったです。島をはなれるんじゃなかったと、つくづく後悔しました。船底で、吐いた汚物と人いきれで、息が詰まるんじゃないかと思いました。それでも、なんとか大阪にたどり着きましたら、そこでは……」しかし、その人はふっと口をつぐんだ。おそらく、そこに待ちうけていた苛酷な労働を語ろうとしたのだろう。だが、それにはふれずに、その人は目を伏せて言った。

「言えば、キリがないですよねえ。だけど、そんな記憶よりも、戦争の苦しみよりも、自分の生涯を通じていちばん息苦しい、つらい時期といえば、現在ですよ。異民族に支配された人間のこの苦しみを、なんと説明すればいいか……」

五十二歳で商業だというその人は、コザ市の薄暗いバーで隣合わせになったわたしに、ひとりごちるように言った。異民族支配——。若い新聞記者は、その日常感覚を次のように説明した。

「東京支局詰めで、一年間過ごしました。バスに乗ったとき、なぜかアメリカ人の客が多かったことがあるんです。しかし、なんとなくアメリカ人たちが、小さくなっているように見えました。自分をふくめて、東京の日本人は悠然としているんですね。——ところが、沖縄ではどうか。まるで逆なんですよ。バスにたった一人のアメリカ人が乗っているだけで、まわりの沖縄県民は小さくなっているように見える。いや、実際にアメリカ人は尊大ぶって、われわれは小さくなってしまう。この気持が、わかりますか？」

わかるような気がするが、しかし、とうていわかることはできないだろうと思った。

そのことについて、べつな人はこんなふうに言った。

「子供たちも、むろん異民族支配に反発をおぼえている。県外就職するのも、そこからの脱出という意識があるからでもあるが、しかし問題は本土へ行ってからですよ。そこに待っているものはなにか……。耳にタコができるくらい祖国復帰を聞かされた、その祖国に違和感をおぼえるとしたら？」

たとえば、こんな話がある。東京のある商店に、東北と九州と沖縄からの就職者があった。いちばんおしゃべりなのは九州出身者で、九州弁を丸出しで大声を出す。東北出身者はあまりしゃべらず、しゃべっても東北弁を出すまいと口ごもる。そして沖縄出身者は、全然しゃべらない。沖縄出身の若者が、都会で最初に直面するのは、言葉の壁であるらしい。むろん、おなじ日本語であり、学問的にいえば沖縄方言のほうが東京方言よりも、はるかに日本的なのだそうだが、東京方言がなんとはなしに標準語ということになっている以上、それに馴染めないとぐあいが悪いのである。訛にしたところで、そうである。九州では味噌汁を（みそしゅる）、先生を（しぇんしぇい）と発音する人が多い。わたしも九州の生活が長いので、自分では気づかないが、そうらしい。沖縄で気づいたのは、会社を（かいさ）、三月三日を（さんがちみっちゃ）

というふうに発音する人が多いことである。東京では、鮭を（しゃけ）、歩いてを（あるって）と発音するが、これは訛ではなくシャレたつもりらしい。とまれ、沖縄方言がそのまま使われたら、ほとんどわからないのはたしかだ。沖縄へ行って沖縄芝居を見ないのは迂闊だ、と最初の旅の帰りに奄美に寄ったとき島尾敏雄さんに注意されたから、二度目の旅ではさっそく芝居見物に駆けつけたが、台詞がまるでわからない。字幕も吹きかえもない外国映画を見るようなもので、劇場へは一度行っただけでやめた。それでも、勉強不足を恥じてあるお嬢さんに「一緒に行って通訳してください」と頼んでみたが、「アタシだってチンプンカンプンです」という理由でことわられてしまった。芝居は首里方言だから、八重山群島の石垣市出身の彼女には、まるで通じないというのである。いずれにしても東京で、九州方言なら大声でしゃべり、東北方言なら口ごもりがちで、沖縄方言なら黙る――というのは、一般的傾向としてたしかにそうらしい。なぜだろうか。わたしにわかるはずもない。しかし実をいえば、わからないなりにこう考えている。明治維新で九州・中国・四国勢が権力を握り、東日本勢が敗れた。だから、東北方言はなんとはなしに敗者の言葉として退けられ、無骨な九州方言がのさばることになったのではないか。沖縄にいたっては、絶対少数派でしかも常に従属下におかれていたため、その方言の権威が無視されたのではないか。

珍説ついでに言えば、朝鮮人や中国人がつかう日本語の片言を嘲笑し、西洋人の片言には寛大であるのも、勝者敗者の関係ではないのか、英語や仏語を習う日本人にくらべて、朝鮮語や中国語を習う日本人があまりにも少ないのは、そのへんの事情を裏づけている。要するに、力関係がすべてであり、方言のあつかわれかたほど政治的なものはないのではなかろうか。

三味線をひく少年

このルポのはじめに、方言札のことを書いた。戦前の教育で、沖縄県でもっとも重視されたもののひとつが、標準化ということであり、教室でうっかり方言を口にすると、方言札というのを首にかけさせられ、罰の対象にされたというあれである。政府としては、沖縄県民が本土に出て言葉の壁で苦労するから、それを取りのぞいてやろうという親切心を強調していたようだが、本心はいうまでもなく、人民の支配体制を強化するためである。事情は異なるが、たとえば日本が支配していた当時の朝鮮では、強引に日本語教育をした。だから朝鮮人は、日本語のいわゆる標準語をおぼえさせられた。わたしは朝鮮で生まれたから、そのへんのことをいくらか知っている。わたしの祖母は九州弁まるだしであったから、標準語を話す朝鮮人にはチンプンカンプンであった。だからよく、お宅の婆さんは日本人じゃないだろう、と疑われたそうだ。

国語と方言とは、むろん意味が異なる。しかし、その民族の言葉に敬意を払うのが当然であるように、その地方の言葉を大切にすることが、もっと考えられてもいいのではないか。戦前の沖縄における文部官僚の強引な標準語化に、民俗学者が抗議したいきさつもあるが、いまでも〝方言論争〟がないわけではない。このごろは、標準語といわずに共通語というそうだが、なにがなんでも共通語にして方言を使わせないのはおかしい、という声が少なくないそうだ。わたしなども、沖縄方言を圧殺してしまうやりかたは、反対である。それを言ったら、ある人から手きびしくやられた。

「勝手なことを言いなさんな。現実に、本土就職した子供たちがぶつかる障害が方言であることは、どうしようもない事実なんだから。そんなに沖縄方言がいいと思うのならばあんたが持って帰って東京で流行させてみたらどうかね?」怒ってはいるが、しかし彼も、戦前みたいな方言札こそないが、似たような傾向をもつ共通語化に、苦々しいものを感じていたのはたしかだった。

厳密な統計ではないが、集団就職者のうち定着率が悪いのは、沖縄県出身者がその筆頭だといわれている。いうまでもなく、言葉をはじめ、風俗習慣からくる違和感が原因だろう。さらに、沖縄は外国であると思いこんだ、本土側の無知による差別への反発もある。会社の寮に入ると、はれものにさわるように扱ってくれるが、これがまず、特別扱いされるようで不安をもたらす。そのくせ食事は全員おなじ味付けだから、当然のことながら口にあわない。味噌汁にしたところでブタ肉を入れるくらい脂っこいものが好きな沖縄出身者には、水っぽくてならない。そこでマーガリンを混ぜて吸う。食堂のおばさんは、食器を洗うときそのぶんだけべたつくのを怪しみ、やがて原因をつきとめて苦情をいう。こんな、ちょっとしたことでも、柔らかな心を持った若者には、離職の原因のひとつになるのだという。

『琉球新報』の赤嶺広告局長が、こんなことを話していた。

「うちでは、求人広告には特に神経を使っている。かならず、信用調査をしてからでないと、紙面に載せませんよ」

おそらく、求人広告の信用調査をするのは沖縄の新聞くらいのものではなかろうか。就職先が本土ともなれば、まずパスポートを申請するところからはじめなければならない。大がかりな手続きと長旅で就職したものの、募集時の条件と違うのでは一大事だ。たぶん苦い経験をへて思いつかれた信用調査というわけであろう。

——従業員募集／**沖縄の方も多数働いておられます**／玉掛《たまがけ》補助工及整理工／一八〜四五歳拘束八時間実働七時間昼夜二交替制／九八弗三万五千円以上／神奈川県川崎市○○運輸株式会社

——本土就職女子社員／募集女子三五名／二五歳まで／ナイロン、テトロン織物の漂白、染色作業／一六歳中卒五ドル二五セント以上／**沖縄出身者もたくさんおられ、みんな元気に働いています**／滋賀県神崎郡○○織物株式会社

などなど、就職シーズンともなれば、この種の広告が目白押しに並ぶ。太字の部分にあるとおり、沖縄出身者が職場にいると強調するのが、魅力的な宣伝文句であるらしい。たしかに、不安を柔らげる効果はあるようだが、なにしろ求人数が求職者数をはるかに上まわるのだから、金の卵を求めて沖縄まで来ながら手ぶらで帰るケースもあるとか。

二月の下旬、わたしが世話になった人へのお礼のつもりでコザ市の料亭でもてなしたところ、なにをどう勘違いしたのか仲居さんたちは、わたしを本土から来た会社の人事係員、連れの人を教師と思いこんでしまった。茶目っけをだしてそのように振舞ったら、仲居さんたちがいろいろ話を聞かせてくれて、金の卵をつかむために人事係員たちがあの手この手で教師をまず攻略しようとするらしく、どうやらその料亭はさ

さやかな汚職の舞台であるらしかった。わたしの演技に力が入りすぎたからか、仲居さんたちが同情してくれて、近くの商店で働いている少年はたいへん健気だが給料日の前になると両親があらわれて前借して行って可哀そうだから、いっそ本土へやったほうがいいのではないかと噂しているところなので、なんなら紹介してあげるからスカウトしてみないかという話になった。座興のつもりがとんでもない方向へ発展しそうになり、わたしはしどろもどろに切り抜けたものの、なんとも生ぐさいはなしではあった。

二日目の夕方になって、ようやく海が凪《な》いできた。船室にはりつけになっていた乗客が、急に賑やかに船内を歩きはじめる。売店の脇にはコーラの自動販売機やジュークボックスなどがあって、若者たちがたむろしはじめた。他に飲物がないせいもあるが、しかし男女を問わずあきれるほどコーラ好きで、一〇セント硬貨をチャラチャラいわせながら、販売機の前に行列をつくる。ところが面白いことに、コーラ世代の若者たちが選曲するジュークボックスは、もっぱら琉球民謡ばかりを鳴らしているのだ。念のために覗いてみたが、レコードはジャズや歌謡曲も揃えてある。そして、さらにわたしが驚いたのは、いかつい身体つきの少年が、鮮やかな手つきで三味線を弾いていることだった。やがてまわりの連中が、小声に歌いはじめた。なにか話を聞きだそうとして、その輪に近づいたものの、わたしは自分がいかにも邪魔者のような気がして、そっとその場から立ち去った。

別なグループは、ギターをひいていた。コーラ・民謡・三味線・ギターという取合せに奇妙な印象を受けたのは、わたしの勝手な感想であり、若者たちのなかでそれが同居するのは、ごく自然だったのかもしれない。わたしは、船室をうろつきながら、だれか話相手をみつけようとしたが、それはうまくいかなかった。おそらくわたしの顔つきは、好奇心の権化のようであったろうから、彼らの警戒心をかりたてるのも無理はない。東京に着けばたちまちバラバラになるだろうことは、その名札の就職先名をみれば判断がつく。若者たちはまるで名残りを惜しみあうみたいに、あるグループは賑やかに、あるグループはひっそりと額を寄せあっているのだ。そのうち、わたしはあることに気づいた。若者たちのなかに、セルロイドの名札をつけていない集団があるのだった。しかも、相当な人数である。名札がカッコ悪いのでもぎ取ったのかと思ったが、どうやら違う。男子ばかりのその集団は、最初から名札をつけていなかった。そして、わたしと船室がおなじ旅行社勤務の青年が、世話を焼いている様子なのである。名札をつけていない集団は、男子ばかり一一三人で、電気通信専門学校の卒業生たちであることがわかった。そして、わたしと同室のHさんは理事で、卒業生を就職先へつれて行くところだという。

「弱りましたなあ……」と、Hさんはわたしの質問に苦笑した。ひめゆり丸の集団就職者は二一六人と発表されているが、Hさんが引率する一一三人はその員数外なのである。「琉球政府の労働局を通した求人ではないんですよ」

「ははあ、モグリですか」

「違いますよ。縁故募集の就職というわけです」

Hさんは、ぽつりぽつりと語りはじめ、わたしはたちまちその話に引き込まれた。Hさんが理事をつとめる電気通信専門学校は、中学卒を二年間教育する各種学校なのであった。その名のとおり、電気通信の技術を教える学校で、通信機やラジオ・テレビの構造を勉強して技能者になろうとする生徒たちが六〇〇人いるという。

「卒業生は、どういうところへ就職するんですか?」

「二カ年前までは、ふつうの集団就職とあまりかわりませんでしたねえ」ちょっと注釈を加えておきたいのだが、沖縄の人は、一年とか二年とか言わず、一カ年とか二カ年というふうに、やや格式ばった表現をするところが共通している。さて、その二カ年前までだが……。

「大電器メーカーに、うちの卒業生も就職しておりましたが、定着率が悪いんです。半分くらいは、一カ年足らずでそこをやめる。いろいろ原因がありますが、やっぱり流れ作業の一工程だけを与えられ、そこで単調な労働をするのが耐えられないらしいんですよ」

Hさんは、それで考えこんだという。学校の人気にもかかわるが、なによりも卒業生の将来にかかわる問題だから、放置しておくわけにはいかない。理想的なのは、沖縄の電気器具商に就職して、そこで修理などすることだが、なにしろ求人の絶対数が足りず、本土へ出て行くよりないのだ。だからといって、小さな商店にぽつんと放りだして一人ぼっちにしてしまうのは不安がある。やむなく大メーカーに送りこんでみたものの、性に合わずやめて行ってしまう。Hさんは、求職行脚に出かけた。そして東京に、ラジオ・テレビの小売店の連合会があることを知った。関東一円の小売店業者の組合である。これなら、連合会で責任を持って受け入れるから、一人ぼっちとはいえ、横の連絡が可能だ。Hさんはさっそく乗り込んだ。

「ところが、向こうさんは目をパチクリして信用しないんですなあ。東北地方を足を棒にして求人に歩いたのに、二〜三人しか集められなかった矢先、こっちが六十数人も持ちこんだのだから、信じられなかったそうですよ」あんまり話がうますぎるので、詐欺あつかいされたそうだが、とにかくHさんの狙いは成功して、昨年の卒業生六四人が小売商の連合会に送りこまれた。「六四人のうち、一カ年後に六〇人が残っていますよ。これは、集団就職としてはたいへん高い定着率です。したがって、今年は一一三人にふえたようなわけですよ」

Hさんは、いかにも自信ありげだった。そういえば沖縄で、琉球政府の労働局が県外就職には熱心でも、就職者たちのその後にはほとんど心くばりをしないという苦情を聞かされた。しかし、それは数千人の若者を送りだすのだから、不可能に近いことのようだ。だから新聞社が求人広告の信用調査をしたり、Hさんのように学校側が積極的な求職活動をすることになる。

ようやく、一人の若者に話しかけることができた。背がすらりと高く、背広にネクタイといういでたちである。

——就職先では、どんな仕事をするの？

「テレビとラジオの修理……」

——もう、店は決まっている？

「浅草の観音様の近く……」

——どういう店だろうね。やっぱり心配だろうなあ。

「………」

若者は、ニヤリと笑っただけで答えず、かたわらのHさんが、かわって説明した。

「もう、その店のことは知っているんです。去年の夏に、実習に来ていますから」

沖縄の高校生は、夏休みに修学旅行をするそうだ。船で鹿児島へ上陸、そこから鉄道で各地を巡り、日光見物をすまして引き返す。だいたい三週間前後の日程になるから、たいへんな旅である。Hさんの学校は二年制だから、二年生の夏休みに修学旅行がある。しかし、これは同時に実習のためでもある。このときすでに就職先は決まっており、修学旅行の生徒たちは関東へやって来たとき、それぞれ受入側の店を宿舎にして約十日間を過ごす。それは実習という名目ではあるが、要するにその店の雰囲気に馴れるのが目的で、主人が案内役を買ってでて東京見物をさせてくれるというのである。

――じゃあ、安心だね。なにも、心配することはないわけだ。

「雪は、もう降らんのかなあ？」

若者は、重要な質問をする口ぶりで、わたしに小声で言った。どうやら、さしあたっての関心事は、雪にあるらしい。それは、就職先の受入態勢をすっかり信じきって、ほかに心配することはないという、無邪気な表情にみえた。理事のHさんまで、わたしにおなじ質問をする。生まれてこのかた、雪というものを実際に見たことが一度もないから、ぜひ雪に出会いたいというのである。三月中には、たぶん降るだろう、とわたしはあやふやな気持ちで答えたのだが、数日後の東京は何十年ぶりという大雪であったから、若者たちもHさんもさぞ堪能したことであろう。そのとき、わたしは若者たちにしきりに話しかけ、なんとか本土へ渡るにあたっての抱負をたずねようと試みたのだが、彼らの重い口はついに開かなかった。それは、沖縄方言を気にしたためではない。ジュークボックスひとつみてもわかるように、沖縄一色の船内であるから、方言を使わないほうがおかしいのであり、事実そのとおりであったが、それだけに彼らは、好奇心の権化みたいなわたしが話しかけるのを、わずらわしく思ったにちがいない。

『琉球新報』が、集団就職者を対象に、アンケート調査をおこなっているので、引用させてもらう。今年の一月から二月にかけて、五〇〇人を対象に調査し、回答は四二四人である。だいたい就職後一～四年目の人たちが答えている。

問い　本土就職を希望した理由をのべてください。

本土で働きたかった　三九・一％

働きながら学校に行けるので　四二・四%
待遇がいい　四・二%
友達と一緒に働ける　三・一%
沖縄で仕事がさがせない　六・五%

問い　本土でずっと働く予定か、沖縄にいずれ帰るのかを教えてください。

永住のつもり　一九・五%
二〜三年働く　四二・二%
四〜五年働く　二三・四%
すぐにでも帰りたい　一五・〇%

問い　両親に送金していますか。

毎月送金している　七・三%
時々送金している　四三・二%
送金していない　四八・五%

問い　いまの職業に満足でしょうか。

満足している　一二・七%
普通である　四六・九%

やや不満である　二九・五％
不満である　六・二％

問い　不満な点を、つぎの項目の中から、いくつでもかまいませんから選んでください。

賃金が安い　一一六人
労働時間が長い　三六人
休日が少ない　五八人
宿舎の施設が悪い　四八人
工場の施設が悪い　一二人
食事がまずい　一四〇人
学校に通えない　一四人
人間関係で気まずい思いをしている　一三五人
仕事がきつい　四八人
会社の規則がきびしい　五七人

問い　会社の人たちは沖縄を正しく理解しているでしょうか。

理解している　一〇・一％

無知な人が多い　　　　　　　　　六六・一％
外国だと思っている　　　　　　　一七・七％
問い　無知な人たちのために、不愉快な思いをしたり差別をうけたことがありますか。
ある　　　　　　　　　　　　　　三七・七％
ない　　　　　　　　　　　　　　四五・五％
数字が一〇〇％にならないのは、無記入を省略したためである。ともかく、以上のアンケートをみて、なにを感じられるだろうか。

集団就職は祖国復帰の先発隊

琉球政府労働局を通した集団就職の場合、出発の前に合宿訓練を受ける。これは集団生活に不慣れな若者たちに共同生活のありかたを教え、また「本土で必要な一般教養、心構え、作法などを指導」する。一泊二日だから、かぎられた内容のものだろうが、この合宿訓練に講師として招かれる喜屋武真栄さん（教職員会長、復帰協会長）は、そのとき次のように話されるそうだ。

「あなたがたは、単なる労働力の供給者ではないし、貧困を支えるための出稼ぎ者でもないのです。あくまでも、祖国復帰の先発隊なのであるから、その使命を決して忘れないでいただきたい。本土へ行ったら、技術を身につけ、教養を高めて、職場のなかで自己成長をはかってください。そして、教養ゆたかなよき社会人になって、沖縄県が祖国復帰をなしとげたときふたたび差別されることのないよう、がんばってください」

この言葉を、若者たちはどんな気持で聞いているだろう。だが、わたしは喜屋武さんからそれを聞かされたとき、あるもどかしさを感じないわけにはいかなかった。「技術を身につけて教養を高める」ことが、はたして「祖国復帰の先発隊」の役目なのだろうか。それは人間一個の生きかたの問題であり、沖縄の祖国復帰と結びつけるのはおかしいのではないか。「ふたたび差別されることのない」ために「よき社会人」になれというのでは、戦前の教育と変わらない。戦前の教育は、クシャミのしかたまで本土人に真似ること、天皇への忠誠心が劣らぬことを示すためにタタミの上で死んではならぬ、などとして戦争へかりたてた。ここにあるのは、あくまでも「本土人並み」になるための教育だった。復帰運動の精神は、単に本土人並みになるための教育だったのか。復帰運動の精神は、単に本土へ帰ればそれでいいというものではなく、復帰することによって本土そのものを変革する積極的なものであったのではないのか。だからこそ、戦前とはまったく異なる沖縄県が登場するはずなのだ。それが、喜屋武さんの言うようなものであれば、それこそ「ふたたび差別される」ことに終わる可能性がある。

集団就職者の若者たちが「祖国復帰の先発隊」であるのなら、「よき臣民」につながる「よき社会人」になることではなく、沖縄を放置している現実の社会を疑い、その社会と対決することではないのか。わたしが、喜屋武さんの言葉を聞いてもどかしく思ったのはまさにその点なのであった。十五歳から十八歳までの若者に、そのような政治的発言をすべきでないという配慮があったのかもしれないが、それにしても消極的にすぎる。わたしの独断かもしれないが、このような受身のかたちでの発言が、若者たちをしてかえって自信を失わせることになるのではないか、と思えてならない。

ひめゆり丸は走る。約六時間おくれで東京港へ着く予定だといい、二一六人の集団就職者たちは、上陸手続きのための行列をつくりはじめた。H理事に率いられた一一三人は、それとは別に行動する。班編成だといい、それぞれの班長が、ドル紙幣を握ってHさんのところへやって来る。船内の売店もすべてドル払いだから、まだ円に換えていない。上陸した瞬間からドルは通用しなくなるわけで、Hさんの手に所持金全部をまとめてから交換するのだとか。

「困った、困った。どうしようかなあ」

Hさんが、しきりにぼやく。予定では正午の到着だが、六時間もおくれたら銀行が閉まってしまう。これではたちまち、金が使えなくなるのだ。そのドル紙幣がみるみるHさんのカバンを一杯にする。一人平均が六〇ドル前後で所持金の合計は七千ドルに近い。円に換算すれば二五〇万円ほどの金を、わたしは複雑な思いで見た。親たちが当面の小遣いとして、親戚たちが餞別として、はるばる東京へ行く若者たちに渡した金である。それでなくてもペラペラで安っぽい感じのするドル紙幣に、それぞれ肉親の情がこめられているのだろうが、それは到着と同時にリンカーンから聖徳太子像の紙幣に取り換えられねばならない。わたしが沖縄のドルに当惑したように、若者たちはたちまち本土の円にとまどうことであろう。しかし、リンカーン像が聖徳太子にかわったところで、べつにどういうこともない。慣れてしまえば、要するに貨幣の機能なんて、みんなおなじようなものだ。そんなふうに思ってはみるものの、沖縄で聞かされた説明を気にしないわけにはいかない。

日本人の海外旅行は、観光が目的の場合ドル持出しは五〇〇ドルまでである。六九年四月から七〇〇ドルになるそうだが、とにかく制限がある。沖縄は、その海外旅行扱いであるから、やはり制限されるのだ。しかし、沖縄から本土へ持ち込まれるドルには、そのような制限はない。五千ドルでも一万ドルでもかまわないわけである。したがって、日本政府にとって、沖縄は絶好のドルの稼ぎ場所だという。具体的に、収支がどうなるのかは知らないし、経済的なことはなにもわからないが、目の前に集められたドル紙幣が、沖縄の人たちの汗の結晶であることはたしかだ。三分の二を占めるという米基地からの収入が沖縄経済を支えているわけだが、ミソや醤油にはじまり建設資料にいたるまで本土から輸入しなければならないのであり、その関係は極端な片貿易であるから、沖縄県はやはりドルを供給するために存在する一面をも持っている。むろん、本土へ就職した若者たちの仕送りもあるが、それはたいした金額ではない。Hさんは、上陸後たちまち困ることをぼやき続けたが、出迎えの受入側から円を立て替えてもらうことを思いつき、やっと安心したようだった。まだ二十九歳という若さのHさんは、七千ドル入りのカバンをポンポンたたき、銀行へ行けば支店長が自らドアを開けてドルを歓迎する、というようなことを、やや得意気に話した。これはべつな人が言っていたが、沖縄の金持ちのあいだでは復帰に備えて本土に土地を買うのが流行しているそうだ。そして当の沖縄では、土地がどんどん値下がりしているというから、リンカーン像と聖徳太子像とは、やはり複雑な表情をみせているようだ。

ラジオ・テレビの販売店に住み込む若者たちの初任給は、二万二千円前後だという。それから食費三千円余りを引かれるが、Hさんによればまああの線らしい。これは沖縄出身者にかぎらず全国的な傾向として、新卒者の初任給は上昇の一途である。それでも最近、沖縄の求人で過当な競争をしない、というような申し合わせを関西の経営者がしたそうだ。一時期みられた、就職者は飛行機で赴任させてあげます、というケースはすでにみられなくなった。だが沖縄が労働力供給源であることに変わりはない。

万博の大阪で働こう、というような求人広告が沖縄でもみられた。事実、多くの出稼ぎ者が大阪に集中している。彼らは、万博のための工事が終わったら、どうするのだろうか。沖縄でも人手不足とあって、台湾からの出稼ぎ者が目立つ。たとえば八重山群島では、キビやパインの収穫期には二千人以上もの出稼ぎ者が渡ってくるというが、缶詰工場でもっとも複雑な工程を受け持つ熟練女工の賃金は、一時間あたり二五セントである。実働八時間として、日給二ドルにすぎないのだが、それでも台湾の水準からいえば高賃金だとか。台湾からの出稼ぎ者の日給が二ドルで、八重山から沖縄本島へ渡った娘が赤線で働けば、一回身体をひらいて彼女の取りぶんが二ドル。その二ドルが信じられない安さだとして、本土で話題になる。なにかしら、やりきれない気分にさせられるが、この現実から目をそむけるわけにはいかない。

それにしても、本土における労働力不足が吸収力になって、沖縄からの就職がふえるいっぽうなのであり、台湾から沖縄への出稼ぎ者が目立つのだ。もし、この関係がくずれたときには、どうなるだろう。すでに不況の訪れがささやかれ、それは最大の恐慌になる可能性があるともいわれる。労働力が余ったとき、まっ先に皺《しわ》寄せが来るのは、出稼ぎ者や臨時工に対してであることは、いうまでもないのだ。そして、沖縄出身者の多くはそのようなとき、最初の犠牲者になりかねない位置にある。全軍労本部で聞いたのだが、労組はすでに、離職者対策を考えはじめているという。復帰で基地が本土並みになれば、当然のことながら人員整理がおこなわれるからだ。それは、復帰に先がけておこなわれる可能性がある。その離職者対策なるものの具体的プランは、ついに聞けなかったが、聞こうとするのが無理だったのかもしれない。まして本土への出稼ぎ者たちの離職対策ともなれば……。

ひめゆり丸は、晴海の岸壁へ近づく。二一六人の集団就職者と、一一三人の縁故就職集団を迎えるノボリがはためいている。報道陣も、待ちかまえているようだ。

「みんな、しっかりするんだぞ」

Hさんが、若者たちに叱りつけるような声を浴びせる。さすがに緊張した表情で、若者たちは反射的にうなずく。機械いじりが好きで、修理技術を身につける就職だからなにひとつ不安はないと、Hさんは強調していた。受け入れる店で、しっくりいかなければ、販売店の連合会が責任をもって他の店へ移すともいう。なるほど、大会社のオートメーション工場で、単調そのものの作業をするよりは、このほうに人間味があるといえそうだ。無口な若者にかわってHさんが話してくれたが、就職者たちは五年くらいをメドに勤めて、一人前の技術者になったら沖縄に帰る希望をもっているという。そこで手に職をつけた強みを発揮して、電気器具の販売店をひらくことも考えているとか。そのために貯金をすることも、彼らのプランに入っている。Hさんに引率された一一三人も、ほとんどが沖縄へ帰る意志を持っているとか。しかし、彼らがこれから上陸する本土がどのようなものかわからないように、たとえば五年後の彼らの故郷沖縄がどうなっているかわからない。琉球政府の労働局を通した就職ではないから、この一一三人は合宿訓練を受けておらず、したがって「祖国復帰の先発隊」という訓話は聞いていないだろう。ふっと、南部戦跡地にあった〝健児の塔〟を思い出した。師範学校の男子学生が、上陸した米軍との戦闘でほとんど全滅した場所に、その塔はひっそりと建っていた。船名がひめゆり丸だから、〝ひめゆりの塔〟に結びつけて連想しただけかもしれない。現代の健児たちは、よもや滅私奉公というような声にあやつられて、時代の犠牲になることに甘んじたりはしないであろう。しかし、彼らが背負っている荷物は本当にどうしようもなく重い。それでも、怒りをあらわすことをせずに黙々と歩き続けるのであろうか。

ひめゆり丸は、ゆっくり接岸した。〝ようこそ東京へ〟という横断幕、そして会社名や墨田区、新宿区というような地域名のノボリが駆け寄る。報道陣のカメラやマイクが、タラップの位置にむらがる。最初に降りた一人が、タラップから岸壁の土を踏むとき、ちょっとためらいの表情をみせた。しかし、思いきって踏み出した足をいそがせ、なぜか彼はうつむきがちだった。

（一九六九年三月）

めんそうれ食堂の御通帳

六九年の一月末に、大阪市へ行った。海岸寄りの大正区に、沖縄出身者が多いと聞いたからである。正確な数はつかみにくいが、少なくとも一万五千人はいるのではないかという。だから沖縄会館があり、沖縄料理の店が目立ち、金城とか仲宗根とかいった沖縄独特の名前の表札が多い。沖縄現地で、本土復帰をとげたら約三十万人が島をはなれるだろう、というような話を何度も聞かされた。人口九十六万だから、そうなると三分の一もの人たちが本土へ流れて行くわけだ。むろんその数字に根拠はない。しかし、それを語る人はいかにも不安そうに「人手不足に悩む本土が放っておくはずはありませんからね」というのであった。それでなくても、毎年の新卒者たちが、集団就職というかたちで、大量に流出している。政治の壁がなくなったら、さらに歯止めがきかなくなり、一家をあげての本土行きというケースが増大するだろうというのである。

すると、沖縄はどうなるのか。いまでさえも、八重山群島や宮古島群島では労働力が不足して、台湾からの出稼ぎ者に頼っているありさまなのだ。むろん、復帰後の基地のありかたも、大きく関係する。しかし、「即時全面復帰・基地撤去」を唱えて当選した屋良主席のもうひとつのスローガンは、「明るい沖縄・豊かな暮し」であった。もとより、明るい日本・豊かな暮しでありうるかどうかという、日本人全体の課題と切りはなして考えることはできない。だが、どういう形式であれ、復帰する沖縄県がさしあたって労働力の供給源になることしか予想されないのだとしたら、あまりにも無残ではないか。敗戦後の日本が、いわゆる奇跡の復興をなしとげた陰には、沖縄の人たちの犠牲がある。だからこそ佐藤首相も、「沖縄の復帰がないかぎり日本の戦後は終わらない」と言ったのであろう。その言やよし。しかし、復帰が実現して〝戦後が終わった〟としても、もし本土がふたたび沖縄県民に犠牲を強いるかたちになれば、わたしたちは、二重の過ちを犯すことになる。

もとより、それは悲観的にすぎる予想なのであって、実際には「明るい沖縄・豊かな暮し」が訪れるのかもしれない。そうでなければなるまい。大正区の沖縄出身者たちは、しかし「復帰が決まれば、田舎から仰山来ますやろなあ」と口ぐちに言う。「しっかり技術を身につけて沖縄へ帰り、再建への努力をしたい」という人もいたが、あくまでも例外なのであった。

大正区は、港湾と工場群と材木と鉄屑と、それから密集する家並とが同居する一帯である。一方が大阪湾に面し、両側が川で仕切られているから、タクシー運転手によれば「わかりやすい、島みたいなところ」なのであり、広い通りに大がかりな工事が進められているのは、「ゼロメートル地帯やから、道路を堤防がわりにして水害をふせぐ」ためだという。とにかく、わたしは沖縄でそうしたように、ひたすら街を歩いた。がっちりした組織の沖縄県人会があると聞いて、幹部の人に話をうかがおうかとも思ったが、そういう人たちは、いわゆる〝成功者〟で、たいてい自民党員だというから敬遠した。やはり下積みの、日頃はもの言わぬ人たちにふれて、わたしなりの報告をしてみたいからである。

歩き疲れて腹を空かせたとき、ふと〝めんそうれ〟という看板を出した食堂が目にとまった。〝めんそうれ〟とはなにか。なんとなく、うまそうな名前なので、それに魅かれて入ってみた。コの字型にカウンターがあって、丸椅子がそれを囲んでいる食堂だった。さっそく壁に並んでいるメニューを見たが沖縄そばや泡盛やぶた足などは書きだしてあっても、看板にあった〝めんそうれ〟がない。昼過ぎで客のとだえた時刻とあって、所在なさそうに頬杖をついてテレビをみているおばさんに、それをたずねた。

「アハハハ、あれは店の名前で、食物の名前と違いますがな」

「はあ。どういう意味ですか?」

「ウチの父ちゃんが物好きですから、あないな名前をつけたんですけどね。〝めんそうれ〟というのは、沖縄の言葉で〝いらっしゃいませ〟いう意味ですわ」

なるほど、そういうわけか、いかに食い意地がはっていても、これでは食べるわけにいかない。そこで、久しぶりに泡盛を飲むことにして注文したら、昼間からなんでや？　とでもいうようなおばさんの目つきなので、あわてて沖縄そばも頼んだ。わざわざ確かめるまでもなく、ここは沖縄出身者が経営している店なのであろう。棚にはガラスケースに入った、琉球舞踊の衣装をつけた人形が飾ってある。店内を、なんとはなしに見まわしているうちに、御通帳がずらりと並んでぶら下がっているのに気づいた。いわゆる大衆食堂であるから、ここでは食物または飲物を供するだけだろう。食糧品店でも酒類販売店でもないのに、御通帳とは珍しい。あるいは仕入れの帳簿なのかもしれない、などと思っていたのだが、やがてわかった。労務者風の人が入って来て、大急ぎでメシとぶた汁を食べ終わると、金を払わずに立ち上がり、ぶら下がっている御通帳のうち一冊を手にすると、なにか書きこんだ。そして「じゃあ、行って来るよ」と表へ出る。「ああ、行ってらっしゃい」と、おばさんが見送る。やはり掛売り用の、御通帳なのであった。

「みんな、あんなふうに自分で書き込んで行くわけですか」

「そうですよ。まだまだ下の箱にも入ってますけど、帳面につけるお客さんが三十人ぐらいいますかねえ」

「だけど、客に勝手に書き込ませて、間違いはないんですか」

「そりゃそうです。うちのお客さんは、おなじ田舎の人ですから、信用できますがな」

「田舎というと、沖縄の……」

「はい、沖縄です」

「というと、沖縄のどのあたりですか」

「そやから、言いよるでしょ。おなじ田舎の人ですがな」

しばらくして、ようやくわかった。おばさんのいう田舎とは、沖縄全体をさしているのである。約六〇〇キロにわたり、飛び石状につらなる六十いくつかの島が、ここ〝めんそうれ〟のおばさんにとっては、ひとくくりに田舎というわけであった。

大阪にいた四日間、わたしは毎日めんそうれに通って、沖縄そばを食べた。中華そばに似てはいるが、麺が太目でさばさばしており、だしの味はいくらか薄い。おばさんの説明によれば、「琉球料理は、中華料理と日本料理のちょうどまん中というところ」だそうである。そういえば、そんな感じがする。沖縄のコザ市で本式の琉球料理を食べたとき、連れの人が「沖縄の文化が、中国と日本のあいだで宙ぶらりんということは料理ひとつみてもわかるでしょう」と言った。麺の太さやだしの濃淡で文化を論じるつもりはないから、そのへんのところはわからない。そんなことより、四十五年ぶりの里帰りをして来たばかりだという〝めんそうれ〟のおじさんの言葉が強烈であった。

「なんというても驚いたのは、沖縄に沖縄がないことでしたよ……」

この人は、大正十二年に両親と共に大阪へ来た。そのとき八歳だったが、小学生のあいだだけでも、十二～三回も転校しなければならなかった。両親がそれだけ職場を転々としたからであるが、働ける年齢になると、さっそく工場勤めをした。徴兵検査では丙《へい》種だったから、戦争が始まるとすぐ広島の山奥へ疎開し、ここでは炭焼きをして暮らした。木炭ならどんなものでも焼ける自信がついたが、戦争がたけなわになると丙種だったはずがいつのまにか甲種合格として召集された。しかし軍隊では、木炭の教官ということで、宇品一六四〇部隊で尉官待遇を受けた。「人間は、手に職をつけておかねばならぬ」と、このときつくづく思った。敗戦後も、山奥で炭焼きとして十数年がんばったが、しかし大家族を養いきれず、ふたたび大阪に戻った。若いときに働いた工場に入ったが、かつての同輩がいまでは工場長や職長なのでぐあいが悪く長続きせず、三年前から〝めんそうれ食堂〟を開業した。ようやく落ち着いたので、昨年の秋に初めて里帰りした。

「ほんとうに、沖縄に沖縄がないですよ」

おじさんは、沖縄に沖縄がない、という言葉をくりかえした。無口な人で、わたしが通いはじめて三日目にようやく身の上話をしてくれたのだが、沖縄を久しぶりに見た印象をたずねると、ただ、沖縄に沖縄がない、とだけしか言わないのだった。

しかし、大阪には沖縄がある。おじさんがそう思うのは、ここでは沖縄出身者同士というだけで、親類を越えた結びつきがあるからだ。六人の子供のうち、末娘を残しただけで、あとは全部独立した。だから〝めんそうれ〟で、とりたてて儲けようとは思わない。それより、ここに集まる客のうち、沖縄から来て日が浅い若者たちの父親のつもりで面倒をみてやりたいと思う。

「いまの沖縄が、どんなにメチャメチャになっているか、こっちへ出てくる若い者を見ていたら、いちばんようわかります」

おじさんに言わせれば、いまの年寄りたちが、過去数十年にわたって血のにじむような思いをして獲得した〝沖縄人は勤勉だ〟という信用を、若者たちが片っぱしから壊してまわっているように思えてならないのだ。だからいつも、「辛抱が第一だ、まず手に職をつけろ」と忠告する。それで、効果のほどはどうか。

「父ちゃんが一生懸命になればなっただけ、いつも裏切られるだけですねん」と、おばさんが言った。

レッカーの運転手だという知念君と知り合ったのも、〝めんそうれ〟であった。いま二十四歳の彼は沖縄本島の工業高校を卒業して神奈川県にある重工業メーカーに就職したが、そこを二年間でやめてから十数カ所も職場を変えて、今日にいたる。現在の職業には満足しており、残業や夜業の手当をふくめれば月収九万円ぐらいになるそうだ。

──大きな会社なのに、どうしてやめた？

「二年間たって、契約を更新するとき、最初の約束より条件が悪かったから」

──どうして、大阪へ来た？

「神奈川県のそこをやめて、東京周辺でもいろんなことをやってみたけど、やっぱりなんとなく、大阪が住みやすいような気がした」

──ここには、沖縄の人が多いから？

「さあ、どうかなあ。あんまりそのことは関係ないんやないかな。だいいち、ここは大阪であって、沖縄やないもん」

──沖縄へ帰るつもりはない？

「ない。旅行ぐらいはするかもしれんけど」

こないだ、彼は貯金を十万円おろして、十日間でキレイに使ってしまった。遊びに遊んで、とても気持ちがよかった。あとになって、すこし後悔したが、しかし金を貯めかけていた自分に嫌気がさしたから、そうしたのだという。仕事がたてこんでくると金を使うヒマさえなくなる。そんなとき、ひどくいらいらする。だから、遊ぶときはまとめて遊びたくなる。もっとも、遊び癖がついたのは、すでに中学生のころだという。その気になれば、アメリカ軍関係でいくらでもアルバイトができたので、働いて金を握っては、ぱあっと派手に浪費した。知念君は、タオルを鉢巻がわりに、ゴム長をがぼがぼいわせて、バーへ入る。もっともこの界隈は、スタンドでホルモンを焼くような店が多いから、気兼ねをすることはない。飲み物は、きまってコークハイ。蛇足ながら、コークハイというのは、ウイスキーをコカコーラで割る。昭和十九年生まれの彼は、ものごころついていらい、飲物はコーラしか知らなかったというからさしずめコーラ世代というところか。とにかく、陽気である。そして気前がいい。こんどはおいらがおごる、といってきかない。

——若い連中は評判が悪いよ。

「そうらしいなあ。どうしてだろう？」

——辛抱が足りない。根性がない。

「だって、へへへ、根性だなんて。そんなもの要るのかなあ？」

──戦前から本土にいる人は苦労しているからね。

「苦労したと言ったって、沖縄とは違って本土はずっと景気がよかったはずでしょ？」

なんだか、わたしのほうが質問攻めにあっているようなぐあいだった。どう答えればいいのか、わたしにはわからない。しかし、彼の疑問はもっともなように思える。〝敗戦後の日本が、いわゆる奇跡の復興をなしとげた陰には、沖縄の人たちの犠牲がある〟と、わたしはこの稿の最初に書いた。誰しもそれを認めるはずである。そしてそれは、沖縄現地でたびたび聞かされた言葉でもあった。知念君が、それを知らないはずはない。彼は口に出して本土の人間を非難しないだけだが、本土の繁栄ぶりは折りにふれ知らされていたであろう。すると本土の人間は、等しく繁栄する日本経済の恩恵に浴していたことになる。それは沖縄出身者にしたところで、例外ではないはずだ。もし例外であったとしたら、それはなぜか？　なぜ沖縄出身者だけに、辛抱や根性が特に必要だというのか？

──むずかしいなあ。どう言えばいいかわからない。……まあ、飲もうよ。

「残念だけど、きょうも時間切れ。あしたは遠出なのでね」

知念君は時間をたしかめて、さっと立ち上がる。前日もそうだったが、酔いを残して車を運転するわけにはいかないといって、午前零時が近づくとさっさと帰る。なるほど、いうところの辛抱や根性はないかもしれないが、運転手としてプロ意識は十分持っている青年なのであった。

辛抱と根性の〝成功者〟

知念君の雇主である、運輸会社の社長に会った。昭和十九年三月、小学校六年生のときに学童疎開で沖縄をはなれたという。鹿児島港へ向かうその船団は、学童を満載して五ハイで編成されていたが、アメリカ軍の潜水艦に狙われて、三バイが沈められた。「学童疎開の船を?」と思わず問いかえしたら、「そりゃあんた、戦争だもの」という答えだった。この人は、いま三十五歳。一台二千万円もするクレーン車をふくめて、稼働中の自動車は六台であるから、まぎれもない〝成功者〟である。しかしこの成功も、ダンプカー一台が出発点だった、いや、そのダンプカー一台を自分のものにするまでが大変で、それからも、むろん運転手兼社長でがんばり続け、少しずつ手を広げたのだ。社長の机ひとつと、簡単な応接セットだけの事務所だが、玄関につけてある自家用の乗用車は、名前はわからないが、いかにも値段の高そうな外国製である。

「やっぱり、根性の問題です。みんな沖縄から来たばかりの子が六人、ここで運転手をしておるけど、どうも辛抱が足りないようで……」

ここでも、根性と辛抱であった。そして驚いたことに、〝めんそうれ〟のおじさんとそっくりおなじ口調で「いまの沖縄がどんなにメチャクチャになっているか、こっちへ来る若い者を見ればわかる」という。いつか共通の話題にでもなったのかもしれないが、それにしてもコーラ世代が根性なしに見えるのは、大人たちに共通する視点のようだ。辛抱づよく根性を発揮したおかげで、この人は社長になった。結局は身体がもたず中退したが、向学心を満たすために夜学へも通ったことがあるという。いちばん辛かった時期をたずねたら、昭和二十五年のジェーン台風で高潮に見舞われ、あたり一帯が水びたしになったうえ、強風でバラック小屋が吹き飛ばされたときだという。この人が十七歳のときである。ほとんど壊滅状態のなかから、自分一人の力で立ち直った自負心があるのであろう。だから社員たちに、「おれも若いときには脱線もしたが、しかしやるべきことはやった」と教訓を垂れる。だからといって、平均年齢二十四歳の六人の運転手に、とりたてて不満をおぼえるわけでもないらしい。だいたい、みんなよくやっている、と言う。そのくせ二言目には「辛抱が足りない、根性に欠ける」と批判するのは、どういうことなのか。

「そりゃあ、田舎へ送金している子もいる。親をよんで京大阪を見物させる子もいる。だけど、将来への大きな夢というものがない。辛抱して、でかいことをやってやろうという根性がないわけやな」

少しずつ、わたしにも納得できてきた。つまりこの人が、若い運転手たちに要求しているのは、将来自動車の何台かを持つような、要するに自分みたいになるのを目標に努力しろ、ということではないのか。ろくに貯金もせずに、入った金を全部使ってしまい、まだ年数もたたないのに沖縄から身内を観光旅行に招待するような贅沢が辛抱のなさとして映るらしいのだ。沖縄では、昔から海外移住が盛んで、ハワイやブラジルで〝一旗あげた成功者〟が多いという。かつて、本土へ渡った人たちもまた、身体ひとつで乗り込むとき、移民とおなじような覚悟と野望を抱いていたのであろうか。それは、たしかに想像することができる。だから、〝成功者〟も、少なくないのである。日本のなかの朝鮮人のバイタリティと、ここには共通するものがみられる。戦前の大阪でみられたという、求人広告のただし書きの「リューキューとチョーセンおことわり」が雄弁にそのあたりの事情を物語るように、おなじ日本人から差別されねばならなかった沖縄出身者たちは抗議する術もなくただひたすら、辛抱と根性を自らに課して禁欲的な生活を送り、一旗上げるチャンスを狙っていたのだろう。

しかし、たとえば知念君がそうであるように、若い沖縄出身の労働者たちは、その種の禁欲主義とは無縁なところにいる。彼が迎えられた最初の職場は、日本を代表するような大企業であった。そこで技能労働者として二級整備士の免許まで取りながら、二年後に未練気もなく退職した理由が「約束を相手が守らなかったから」であるのは、前述のとおりだ。いまの雇主である社長は、「辛抱して残ればよかったのに」と、まるで自分のことのように口惜しがっていたが、知念君には我慢できなかったのだ。いま一緒に働いている運転手の青年たちも、それぞれ集団就職というかたちで沖縄を出発したのであり、最初の職場は、それなりに名のとおった企業であったらしい。にもかかわらず、何年か後にそこをやめて、いくつかの職業を転々として運転手になった。いつまた、他の会社にかわるかもしれないが、労働省所轄の国家試験免状を持ったクレーン車運転手であることは変わらないだろうという。まさに身体ひとつ腕一本が生命の職業だから、事故でも起こせばそれでおしまいだという不安もないことはないが、いまはそんなことを考えたくないそうだ。終身雇用的な就職を最良の条件と受け取りがちな常識からいえば、彼らはひどく不安定な状態に置かれている。だからといって年配者たちみたいに心配しない。それは沖縄出身者にかぎらず、一般的な傾向でもあろうが、やはりこの場合は沖縄のコーラ世代ともいうべき彼らに、きわめて特徴的な共通点といえないだろうか。そしてそれは、アメリカ統治下の沖縄が育てた気質にほかならないのである。

沖縄の石垣島で見た、季節労務者募集ポスターのことが思い出される。それは、パイン缶詰工場の壁に貼ってあったのだが、千葉県の缶詰工場のものだった。契約は三カ月で、給与は月に一万二千円から、一万三千円という条件であった。べらぼうな低賃金にびっくりしたが、船で神戸へ着いたらまず有馬温泉で一泊し、大阪見物のあと新幹線に乗り、東京見物をしてからいよいよ工場へ向かうという条件がついていた。千葉県の工場で約束どおり三カ月働いたら、精勤の褒賞としてもう一度の温泉行きが待っている。だから観光旅行を兼ねた季節的な出稼ぎとして、けっこう魅力があるのだという。そういう人たちは、沖縄へ帰ることを前提にしての本土行きであるが、いったん集団就職で沖縄をはなれた若者たちのほとんどは、ふたたび郷里で生活することなど考えていないという。もっとも、わたし自身の郷里は九州であり、わたしの場合もまぎれもない東京への出稼ぎ者なのだが、将来を問われて「九州へ帰ります」と答えるかどうか。そんなことはわかりはしないし、どっちだっていいのである。そのくせ沖縄出身者に対しては、やたらそんな質問をする。なんとも妙なぐあいであった。

しかし、「自分は必ず沖縄へ帰る」という人にも出会った。Tさんとしておこう。

昭和十年生まれで三十三歳、沖縄本島南部の糸満町で中学校の教員をしていたが、集団就職の生徒の付添いとして初めて本土の土を踏んだとき、「日本とはなにか？　それを見とどけてやろう」と思ったので、沖縄へ引っ返す船には乗らなかった。学校へは辞表を送った。もともと教員肌ではないから、衝動的に退職したことを後悔していない。妻子は沖縄へ置いたままだが、手紙のやりとりで奥さんは納得してくれたという。

〝めんそうれ〟の朝は六時からはじまり、知念君もそうだが、元教員のTさんも開店後すぐ顔を出す。間借生活で一人暮しだから、三食とも〝めんそうれ〟で済ませ、もちろん御通帳で勘定は月末に清算する。Tさんが本土に滞在する決心をしたとき、それは当然ながら就職することを意味した。まさに身体ひとつだったからそうするよりなかったわけだが、かりに金があったにしても、ただの観光旅行ではつまらないと言い切る。みつけた働き口は、住友金属和歌山工場だった。大企業だから〝日本を見とどける〟ための、絶好の職場だと思った。ここでは、リフト、起重機、機関車を動かす仕事をした。現場労働者としての自分に満足したが、あまりにも忙しすぎるし、組織が大きすぎて、人づきあいがまったくないのでどうしようもなかった。ここを一年八カ月でやめて、いまは大正区にある製鉄工場の輸送部門を請け負う下請会社に勤め、名刺の肩書きには〝労務係・事務係〟とある。

――結局、日本とはなんでしたか？

「わかりません。ええ、わかりませんね。ただ、なんとしても広い……と思っただけ」

――じゃあ、徒労でしたか？

「そんなことはない。なにか身につけることができたと思います。復帰後は、沖縄再建のために、一人の労働者として努力したい」

――復帰は、どういうかたちが望ましいと思いますか？

「屋良主席を信頼したい。ただ、せっかく沖縄が平和経済で立ち上がろうとしたとき、本土の資本が沖縄資本を征服してしまうことが予想されるから、それが心配です」

――しかし、あなたは〝一人の労働者として〟と言った。労働者の立場からみれば、資本が本土のものでも地元のものでも、そんなことは構わないでしょう？

「そうですね。理屈からすれば、そのとおりです。しかし、心の底に違和感がある。いや……不信感と言ってもいいものが、本土の資本に対してあるんですよ」

――沖縄にどんな産業をおこすべきだと思いますか？

「鉄鋼業ですね、やっぱり。戦後の沖縄ではすべてアメちゃんの言いなりに、命じられたものをそこに据えるというようなことしかしてこなかった。だからまず基幹産業を確立して、それから具体的プランに着手すべきです。でも鉄鋼業には、ばく大な金がかかる。するとやっぱり、本土の資本ということになりますかね……」

〝めんそうれ〟の常連の一人に、大工の青年がいる。中学を卒業して沖縄で五年間働き、本土へ来て三年間たつ。いま二十三歳で、大工の手間賃が一日二千七百円だという。「三年前に来たとき八百五十円だったけど、いまは三倍以上になったね」と言って、得意気だった。まさに鬼に金棒の「手に職をつけて」いるわけだから、〝めんそうれ〟のおじさんのお気に入りのようだ。彼に本土の印象をたずねたら、「うん、この島は大きいね。沖縄は、クルマで無理すれば一日で一周できるけど、こっちはそうはいかないもんね」と言った。そういえば、インテリのTさんもおなじことを言っていた。

この店の壁にはってあるメニューのうち、ゴハンの呼びかたがおもしろい。〝大めし〟〝中めし〟〝小めし〟。ふつうなら、〝めし（大）〟というふうに書くのではないかと思うが、実におもしろいと思ったのは、入って来る夕食の客が「大めし！」というときは大声で、「小めし！」というときは小声であることに気づいたからである。「大めし！」と声がかかると、他の連中が、ほほう、というように声の主を見る。大中小の差は値段にして十円ずつだから、「大めし！」と言ってもとりたてて贅沢をすることにはならない。港湾荷役などの重労働に従事する人たちがほとんどだから、〝大めし〟を喰うことはその日よく働き、かつ健康であることを意味するから賛辞が集まるのだった。いまのところ、ここ〝めんそうれ〟は、創業いらいの無休業を誇っている。正月くらいは休業にしたいと思ったこともあるが、なにしろ三食ともここを利用する人が多く、休めばみんながヒボシになるので、年中無休にしたのだという。それだけに、おじさんとおばさんは自負心を持っており、ときたま理由もなしに何日も仕事を休んだ人が、おそい時間に朝食に顔を出すと、「働かんヤツには喰わせんぞ」と拒否する。おじさんにしてみれば親心だろうが、ことわられたほうはたまらない。続けざまに休んだりするのは、ストレス解消のバカ騒ぎの果てだから、一文無しになっているときだ。「人道上の問題や」などとぼやきながらも、翌日からの精勤を誓約させられて食事にありつくのだという。

そんなふうだから〝めんそうれ〟のおじさんは、沖縄からどんどん出て来るがいい、みんな自分が引き受けてやる、とでも言いたげな口ぶりだった。「昔から、沖縄で喰えるのは六十万人までということになっておるんです。いま百万人として、四十万人も余分な人間をかかえておる計算になる。沖縄の生活が苦しいはずです。科学的にそうなっておるんだもの」と、強調していた。店に泡盛を置くようになったのは今年に入ってからで、昨年秋の四十五年ぶりの帰省のとき「ほんの少しでもいいから沖縄経済の役に立ちたい」と考えて輸入をはじめたそうだ。だから、最初の日に泡盛を注文したばかりに、わたしも〝めんそうれ〟にいるあいだ、ずっと飲まねばならぬ仕儀になったが、そのうちおじさんは〝暖流〟というウィスキーを御馳走してくれた。これの外箱に「琉球泡盛を原料としてウィスキーモルトの熟成法にのっとって成熟させた、きわめて上質なウィスキーです」と印刷されている。正直なところ、わたしには馴染めない味だったが、試飲させてもらったのだから愛想を言ったら、おじさんが何杯でもおかわりをすすめて、すっかり御機嫌だったのには閉口した。

末娘のみち子さんは、〝めんそうれ〟の看板娘ということになる。いま高校一年生だが、朝と夜は必ず店に出て手伝う。おばさんの話では、べつにそれを義務づけているのではないが、まったく彼女の自発的な意志なのだそうだ。それというのも、大家族をかかえて経済的に苦しかったため、上のきょうだいたちが義務教育しか受けていないので、自分だけ高校へ進学するのは申しわけないから、家の手伝いを積極的にすることで償いとしたい、という理由からだとか。夕方、勤め帰りの人たちがあらわれると、「おかえりなさい」と言って弁当箱を受け取る、その控え目な笑顔が、かえって肉親のような暖かみを感じさせる。沖縄女性の特徴だといってもいい、押しつけがましさのない親切さが、彼女の所作にうかがえる。ところが、いったん口をひらくと、実にはっきりしたものの言いかたをする人であった。

——沖縄をどう思う?

「関係ありません」

——だけど、ご両親は沖縄の人でしょう?

「でも、わたくしは広島で生まれて、大阪で育っているんだから。……他に、なにか?」

——マスコミが沖縄問題を扱っているのを見て、なにか感じるでしょう?

「べつに。女子高校だから、政治的なことは話題にもなりませんし」

——沖縄が嫌いなの?

「いいえ。まだ行ったことはないけど、写真で見たらキレイなところだから、機会があれば旅行するのもええと思いますけど」

——本籍が沖縄だということ気になる?

「ぜんぜん。名前に特徴があるから、すぐわかるらしいけど、平気です。ただ、学校の先生とか、お客さんみたいな人から、こないイロイロ聞いてもろても、なんにも答えられんので申しわけないと思います」

まさに、とりつくシマもない印象だが、しかしこのやりとりは終始友好的な雰囲気で交されたのであり、彼女は何も答えられないのが真実申しわけなさそうな表情をつくり、わたしはわたしで、彼女の関心のない話を持ち出したりしたことですっかり恐縮した。

〝めんそうれ〟から、そうはなれていない位置にある書店で聞いた話だが、この一帯に沖縄出身者が多いからといって、沖縄問題を扱った本や雑誌が特によく売れることはないという。それでも、ある考古学者グループが琉球列島を調査してまとめたレポートはまとまって注文があり、観光案内風にまとめられた新書版もかなり売れているそうだ。書店の主人の推測によれば、歴史的な問題を掘りさげたレポートをまとめて注文したのは、会社の読書サークルであって、おそらく構成メンバーに沖縄出身者とかその二世といった人たちはいないだろうという。観光案内風な本を買う人のなかには、目立って沖縄関係者がみられるから、それはたぶんに里帰りの人たちが活用しているフシがあるそうだ。

「世間が沖縄沖縄と騒ぐ割りには、沖縄出身者たちが政治季節に影響される気配はないようですなあ」というのが、本屋さんの感想であった。

ゼネスト回避と本土見物

その政治季節だが、わたしが〃めんそうれ〃に入りびたっていた一月末から二月初旬にかけての四日間、国会が開かれたり、二・四ゼネストをめぐる、取り引きがあったりで、マスコミは競って沖縄問題を報じていた。この店のテレビはかけっ放しで、たとえば漫才があれば互いに顔を見合わせて笑いの相乗効果をあげるというぐあいであるのに、ニュース番組になると、それが沖縄をいかに熱っぽく報じていても、互いに聞かないふりでもするみたいな表情で、かたくなに口をつぐんでいるのである。少なくともわたしがいるあいだに、ニュースを話題に語りあうような場面には、出会わなかった。あるいは、まぎれもない〃他所者〃のわたしが混じっているから、意識して反応をみせないのかと思った。しかし、そうでもないのだ。わたしが、おそるおそる質問すると、待ち構えていたように、勢いこんだ答えがかえってくる。たとえば〃めんそうれ〃のおじさんは、次のように言う。

「ゼネストはまずい。非常に悪い結果をもたらすのではないかと思う。なんといったって沖縄の基地は、アメリカが要らなくなるまで返還はしないんだ。だから、そういう情勢がくるのを、待つ以外にない。施政権の返還にしたところで、中途半端なままなされたのでは、誰よりも沖縄県民が困るんじゃないか。……といっても、いまの状態がいいとは思っていない。だいたい政府の物腰で気に喰わないのは、アメリカが勝手に占領して戦後二十四年たっていまだ沖縄人を支配して差別しておるのは、すべてアメリカが悪いのだとでもいうように振舞っておることだ。冗談じゃない。日本政府が講和条約のとき、沖縄にノシをつけて渡したんじゃないか。そのへんをゴマ化してもらいたくないのだ」

知念君の会社の社長は、次のような意見であった。

「B52の爆発にしたところで、アメリカは交通事故並みにしか考えていない。いったい、沖縄の住民を、人間扱いしておるのか。実際の話、腹が立つより、悲しくなる。そりゃ、B52くらいは撤去するかもしれないが、本土並みの基地といったって、アメリカもそこまでは退かないだろう。……とにもかくにも、われわれがなにを言っても、どうにもならん問題なんだ。だから自分としては、ベトナム和平のパリ会談と、中国問題を扱う国連の動きを、じっとみているよりない。これぱかりは、世界情勢の動きが決めるのであって、率直なはなし、デモをやってもストをやってもどうにもならんのだから。……どうにもならんとは思うが、それにしても日本政府は、あんまりだらしなさすぎる。無責任すぎる。アメリカに追従して、ベトナム戦争の肩を持ってみたり、中国封じこめのお先棒をかついで、沖縄をアメリカがいよいよ手放しにくい状態にしておいて、それで〝沖縄返還〟を要求すると言ったって、誰が真剣な取り組みかただと思うものか」

この二人にみられるような、結局はアメリカ次第なのだから、という見方は、おしなべて年配者の発言に共通しているようである。話しているうちに感情が高ぶってくると、ふっと自嘲するように笑って「どうしようもないのだから」と、自分を戒めるような表情になるのが印象的であった。それもまた、彼らの口癖とするところの、辛抱と根性のうちの〝辛抱〟なのだろうか。

元教員のTさんの場合、いささか発言のニュアンスが違ってくる。

「沖縄が、世界情勢のなかでどう位置づけられているか、それを冷静に見きわめて、復帰を勝ちとる方法を考えねばならない。アメリカにがんじがらめに縛られている沖縄にいて、自分がいちばん疑問に思ったのは、はたして復帰すべき本土が、ほんとうに自由な独立した国であるかどうか、ということだった。自分が、日本とはなにか？を知ろうとした目的のひとつが、その点だった。そして、それはやっぱり、わからない。（わからないということは、自由で、独立していると思えない面があるからか、と質問したら）まあ、そういうことでもある。本土の人たちが、沖縄問題をどこまで理解しているかということも知りたかった。少なくとも、暖かい気持かどうかをいえば暖かくない。ふつうの日本地図に、沖縄が入っているか？　日本の教育で、教科書が沖縄を正しく扱っているか？　自分が工場などで〝小笠原には誰が住むか〟とたずねたら、〝日本人だろう〟と答える。〝じゃあ沖縄には誰が住むか〟とたずねたら、驚いたことに〝アイヌじゃないかなあ〟と答えた。これは大衆の無知といってしまえばそれまでだが、沖縄問題に関して大衆を無知にしたのは誰か？　結局それは、政府の責任でしかない。しかし、その政府が責任をもって取り組もうとしない以上は、大衆がそれを動かすよりないはずだ。……たしかに国際問題は政治の場でしか解決しないが、自分はやはり、その国際情勢を動かすのも大衆の力だと信じる。だから、自分たちは無力だ、という考えかたには与しない」

レッカー運転手の知念君は、なにを考えているか。

「おいらはあんたとおなじ立場さね。そうさ、大阪市に住民登録をちゃんとしているから、本土のいろんな選挙で投票する資格があるんだ。だから、沖縄をどう考えるか、どうするかって、わざわざおいらなんかに聞かなくたって、あんたもおなじ立場だから、おいらとしては、本土をどうするかをあんたに聞きたいくらいだよ……」

わたしがなにか言いかけたら、いや冗談だから気にしなくてもいいよ、とでもいうように、知念君は手を振ってそれを拒んだ。彼のなかに、やはり屈折した感情がよどんでいるのだろうが、それをぶちまける気持ちにはなれないという表情だった。

そんなわたしたちのやりとりに、ただニコニコ笑って耳を傾けている初老の人がいた。その人は、なかなか自分を語ろうとせず、何者であるのかわからなかったが、Tさんとおなじように元教員ということだった。かりにSさんとしておこうか。いま教育委員会に在籍しているのだが、東京で医者をしている長男の結婚式が一年前にあったので、そのために本土へ来たのだが、Tさんとおなじように〝日本見物〟をする気になり、勤務先を休職して滞在しているのだった。

沖縄には教員をしている奥さんと二人の子供がいるので、Sさんはこちらで働いて家族に仕送りをしながら機会をみつけては旅行しているのだという。三男もいま関東地方の医大で学んでおり、いずれ兄弟が協力して沖縄で開業することになるはずだとか。Sさんは職業柄、屋良朝苗主席とは知らない仲ではなく、対立候補だった西銘自民党総裁は中学の二年後輩だともいう。「沖縄のことなら、なんでも聞いてください」とは言ったが、自分のことを聞かれるのを嫌って、本土の印象や復帰についての見解は、とうとう一言も洩らさなかった。

Sさんはなにひとつ彼自身の考えを語らなかったが、しかし、おなじような動機のTさんの例があるように、出稼ぎが目的ではなくそれがあくまでも本土旅行の手段にしかすぎない人たちがこうして「日本とはなにか?」を問い続けて歩いていることを、わたしたちは知っておかねばならない。知念君も指摘したように、わたしたちの政治季節が沖縄とはなにかを問うことに急ではあっても、その沖縄を一部分とする日本とはなにかを問うことを怠るとすれば、これほど滑稽なことはないからだ。

わたしが、〝めんそうれ〟にわかれを告げる日、ちょうど踊りのケイコがあった。日本舞踊と琉球舞踊を同時に教える婦人が、〝めんそうれ〟の店内とは障子一枚へだてた八畳の部屋で出張授業をするのである。女師匠は十歳のとき、京都の織物工場に勤める姉を頼って来て、どういう経歴かは話してくれなかったが、とにかくいまは舞踊を教えることで生活をたてているのだという。どちらかといえば琉球舞踊を主に教えたいのだが、曲には語りがつきものだから、琉球民謡の歌詞を理解できない大阪生まれの二世や三世たちは、どうしても日本舞踊を選ぶそうだ。

沖縄には俗にいう〝沖縄芝居〟があって、本島を中心にだいたい十劇団ぐらいがプロとして巡業しているが、年に一回は沖縄を出て、奄美大島――鹿児島――福岡――

大阪を興行する。つまり沖縄出身者が多い地域を巡業するわけだが、大阪にやって来るのは例年夏で、このときは大変な賑わいだとか。島尾敏雄さんは奄美大島へ来ることの芝居を決して見逃がさないし、沖縄旅行をしたときは常打ち小屋へ毎晩通うということだった。セリフはほとんどわからなくても、舞台をずっと見ているうちになんとなく芝居の心が通じるとか。わたしは、うかつにも沖縄旅行の折りにそれを見逃がした、というよりは、怪しげな一角を飲み歩くことにのみ熱心だったのだから、鈍才というのはしようがない。だが、こんど機会があれば必ず見物しようと思う。

芸事が盛んな沖縄だから、ここ大正区の沖縄会館でいろんな集会が催されるときには、たいてい歌と踊りになる。四十歳以上の男性なら、みんな三味線がひけるという。子供から「男が三味線をひくなんてはずかしい」といわれる父親もいるらしいが、「沖縄では上流階級でなければ三味線を習えなかったんだぞ」と反論する。理由づけはどうあれ、いまでは沖縄本島よりも本土のなかの沖縄で、むしろ盛んにおこなわれているかもしれないという。

〝めんそうれ〟裏の八畳の部屋でのケイコも、いよいよ佳境に入っている。港湾荷役の労働者がジャンパーを着たまま、女師匠について、〝黒田節〟をケイコする。元教師のTさんも、神妙に順番を待って、大きな身体を縮めて膝を揃えている。いかにもユーモラスであったが、ここに集まる人たちの結びつきを思うと、やはりわたしも、かしこまって見学しないわけにはいかなかった。朝が早いめんそうれは、午後九時に店を閉める。だが、出張授業のある日だけは、おそくまで営業している。店のほうへ出て見たら、大工の青年が、おじさんとなにやら話しこんでいる最中だった。知念君が万国博覧会関係の工事現場から帰って来るまで、わたしはここで待たせてもらう約束だから、二人のあいだに割り込んで泡盛を注文した。おばさんが、空いている部屋があるから泊まって行きなさいと、しきりにすすめてくれる。おじさんが、ぶたのシッポが入っているという味噌汁をすすめてくれる。

いくぶんどもり気味の大工の青年は、口をきくのがおっくうなのか、店の壁にある、日めくりにアゴをしゃくって、わたしになにか言いたげだった。そこには「苦しんで得たものは身につくが、楽に習ったものは後に残らぬ」と印刷されていた。わたしが微笑すると、日当二千七百円の青年は、いかにも満足気にうなずいた。座敷のレコードプレーヤーは、琉球民謡を流しはじめている。こんどは、琉球舞踊のケイコだろうか。

――ゼネストは回避される公算が強くなりました。

テレビが不意にそんなニュースを流した。おじさんの太い眉が、ぴくりと動いた。

わたしは苦い思いで味噌汁をすすった。ぶたのシッポは、しかし、おいしかった。

（一九六九年二月）

あとがき

そこは那覇地裁のコザ支部だった。証言台には、若い女性が立っていて、宣誓をはじめたところだった。すらりと背が高く、身につけているものも趣味がよく、荒い網目のストッキングもよく似合い、なによりも彼女は美しく整った顔だちだった。しかし彼女は、印刷された宣誓文を読むのに、ひどく時間をかけた。つかえつかえ読みかけ、またはじめにもどり、そして口ごもり、当惑しきった表情で後ろを振り向いた。

傍聴席には、しかし、わたしだけだった。そしてわたしは、ただの気まぐれな傍聴人にすぎず、証言台の彼女についてむろんなにも知らず、おたがい初対面なのだった。だが彼女は、宣誓文を読む努力を放棄しそうになるたびに、傍聴席を振り向いた。救いを求めるようなその目は澄みきっていて、視線が合うとわたしは激しく狼狽した。傍聴席に誰か知合いが来るはずなのに来ないから、それで当惑しているといった表情ではなく、わたしがそこに居るというだけの理由でわたしを振り返り、そして救いを求めるかのような表情だった。

「読めないのかね」

裁判官がたずねた。まだ三十代の前半だろうが、黒い法衣をまとって眉の濃い彼はいかにも威厳に満ちた声をだしたから、証言台の彼女はよく聞きとれなかったらしく、「なあに？」とたずね返した。その声と物腰とで、彼女が宣誓文を読めないのは、緊張のせいばかりではないことがわかった。その印刷物の漢字の部分には、ふりがながあるはずだが、どうやら彼女は文字を声に出して読むことに、ほとんど不慣れらしいのだった。「なあに？」と優しく問いかけられ、裁判官が苦笑し、弁護士がわざとらしい溜息をついて舌打ちをし、それで彼女はまたもや傍聴席を振り向き、わたしは熱烈な親しみをこめた微笑を、証言台の彼女に送った。

「読めないいなら……」と、裁判官はわたしと彼女のあいだを嫉妬するみたいな、不機嫌な声をだした。「しかたがない」鉛筆をもてあそんでいた書記が、裁判官にうながされて証言台に来た。彼女はいそいそと迎える表情をつくり、それから傍聴席のわたしに微笑を返し、書記官が読みあげる言葉を、素直な口ぶりで復唱した。「良心にもとづいて……」と、彼女の甘い声が午後の法廷に柔らかく響いた。だが、人定尋問に移ると、またしても彼女はつかえつかえしか、口をひらけなかった。裁判官がなにか尋問するたびに、「なあに？」とたずね返す声だけが、彼女の美しさにふさわしかった。

二十歳だった。名前はカタカナと漢字の組合せだった。しかし彼女は、住所が言えなかった。「現住所は？」「なあに？」「いま、住んでいるところ」「さあ……」「あんたが、寝たり起きたりしているところ！」「ええっと、〇〇〇〇」「それはお店の名前でしょう。そうじゃなくて、お店の所在地だよ」「ゲート通り」「所と番地！」「なあに？」「裁判長！」たまりかねて弁護士が立つと、証言台の彼女に問いかける。「あんたの住所は、胡屋〇〇番地だね」

「そう」

彼女は、あどけなく笑う。とても二十歳には見えない。苦りきった表情の弁護士が叱りつけるように言い続け、彼女が笑顔で復唱し、裁判官はもう処置なしというふうに頷くだけで、裁判はそれから滑らかに進行をはじめた——。

彼女は離婚訴訟の原告人なのだ。被告人の名前はむろんはっきりしているが、しかしケンタッキー州に居るはずだということがわかるだけで、法廷に現われないのはもちろん、その職業は、「あのセールスね、なにって、セールスよ」という程度のことしかわからない。三年前に結婚し、一カ月ほど一緒に暮らし、ニューヨークに用件ができたからといって〝本国〟へ帰った〝夫〟は、彼女を迎える旅費を寄越すはずだったが便りすらなく、しかたなく一緒に暮らした家をはなれて店に住み込み、何カ所か勤務先が変わり、三年経った。

「それで、どうして離婚しなければならないのかね?」

「だって……」

「理由がなければ、訴訟にならないなあ」

「なあに?」

「裁判長!」と言って弁護士がまた立ち、このおどろおどろしい雰囲気を保とうとする部屋から一秒でも早く抜けだしたいという気持になって席を立ったわたしを、証言台の彼女は呼びとめようとでもするみたいに、身体ごと振り向いて微笑を送ったのだが——。

二階建の裁判所の裏口から外へ出たら、顔中染みだらけの初老の米人が、停めた乗用車の中で居眠りしていた。わたしはその男が、いま証言台に立ってふしぎな儀式の進行にとまどいながらもひたすら早く終わるのを念じている彼女の、新しい〝夫〟になる人物にちがいないと直感した。彼女はおそらく結婚の約束を交して、そして自分が三年前に結婚したことを思い出し、次の結婚の手続きのひとつとして裁判所にやって来たのであろう。

どうやらわたしは、ほんの短いあいだとはいえ、証言台の彼女に恋をしていたらしい。だから、彼女を貶《おとし》め、辱《はずか》しめる、法衣をまとった裁判官に腹を立てて裁判所を出たのだろうが、しかし早くも裏口で強大なライバルに出会って、すごすご引揚げざるをえなかった。そしてそれは、沖縄でわたしが接触した少なからぬ娼婦との関係が、そこで再現されたということでもあったのだ。

それらの関係を語ったのが、わたしのこのルポルタージュだろうと思う。わたしの精神の開けっぴろげさと、それが生業である娼婦の肉体の開けっぴろげさとは、かならずしも嚙みあわなかったが、もともとそれはそういうものかもしれず、ということは、わたしの肉体で彼女らを穿つには彼女らの肉体が広大にすぎてかなわず、しからば彼女らの精神を開けて覗こうとしたものの己れの開けっぴろげさが災いしたのかもしれず、それはそのままわたしと沖縄の関係であるのかもしれないと思いつつ、ひとまずペンをおく。

なおこの本におさめた文章のうち、第Ⅱ、第Ⅳ、第Ⅴ章は『マイウェイ』に、第Ⅲ章は、『週刊言論』に連載し、第Ⅰ章は書きおろしたが『朝日ジャーナル』『中央公論』『読書人』などに発表したものと重なる部分があることをおことわりしたい。

解説　街や人の「不整合」さ

藤井誠二

復帰まで二〜三年と迫った沖縄の——沖縄が「アメリカ」から「日本」になる日——誰しもがどこか浮き足立ったような気配が漂っていたであろう沖縄の街を、二日酔いの佐木が汗を拭いながら歩きまわっている。照りつける太陽、道路から舞い上がる埃、湿った場末のバーの黴臭《かび》いにおい、人々の体臭、南国の花の甘い芳香、泡盛の香ばしい香り、未整備が多かった下水の腐臭など、街や人が発するにおいが行間から漂ってくる。それは復興のにおいだったが、沖縄の人々が流した血と涙のにおいでもあった。佐木は一九六八年からそんな街の一つ、コザのアパートで暮らした。

私は、沖縄の官民一体となった「浄化」運動で消え去った売買春街——戦後長らく残り続けた——の内実と戦後史を描いたノンフィクション『沖縄アンダーグラウンド——売春街を生きた者たち』を書くために沖縄の夜の街を何年間もほっつき歩いた。佐木が当時書きつけたようなささくれだった空気はもちろん薄らいでいるものの、その残り香はじゅうぶんに嗅ぐことができた。佐木が千鳥足で歩いたであろう沖縄の夜の街を、佐木の背中をさがすように私は歩いた。酒の勢いをかりて、場末もいいところの老朽化したスナックのドアを思い切って開けてみると、カウンターに陣取り、店のママにしつこく話しかけている佐木がいるような錯覚を覚えたこともあった。

　佐木が歩いた五十年近く前の沖縄と今の沖縄を比べたら、経済的に豊かになったに決まっている。しかし、沖縄が置かれた政治的状況は変わっていない。「日本」とアメリカは過剰な在日米軍基地負担を沖縄に強いたままだ。日米地位協定も変わっていない。私は佐木が亡くなる一年前に、彼の自宅で長時間のインタビューをおこなったが、沖縄に対する「日本」の態度についは憤懣《ふんまん》やる方ないというふうだった。したたか酔った佐木は「今日話すことは遺言だからね」と繰り返していたが、彼が沖縄に身体まるごと漬かったような生活をしたことは彼の血肉となり、その後の作品世界の骨格になっているのだから、沖縄のことは片時も忘れなかったはずだ。

　佐木はなぜ、復帰前の沖縄に二年間ほど住み、沖縄の売買春についてのルポを日本に書き送り続けたのだろうか。『沖縄と私と娼婦』の序章で「迷い」のような独白をしている。

〈わたしが沖縄とかかわりをもつようになって、とりわけ売春に注目し娼婦にアプローチしたのは、しかし娼婦の数が多いことに触発されたからではない。どう説明すればいいか、実は自分でもわからないのだから、したり気にここで動機について語るのはやめる。ただこの本におさめた、五度の沖縄行を通じて書いたわたしのルポルタージュに登場する個々の娼婦の貌から、これまで黙殺されがちだった沖縄の売春と、その象徴するものについて、なにか摑んでもらえるのではないかと自負していることだけは言っておこうと思う」

当時の沖縄はいま以上に政治の季節の連続だった。沖縄の人々の念願だった琉球政府行政主席公選の選挙戦や、米軍基地労働者のゼネストなど、対アメリカの沖縄人民の闘いは毎日のようにおこなわれていて、まさに沖縄は揺れていた。「日本」からも多くの記者が入り様子をレポートし、文学者などの表現者も沖縄のことを懸命に語っていた。新左翼諸党派も沖縄へ入り、「反日米帝国主義」闘争を繰り広げていた。

佐木も同様に行政主席公選選挙や基地労働者の激しい闘争の取材で沖縄に入ったのだが、同時に売春取材に没頭することになる。佐木は声高に自身の取材動機を語ってはいないが、「日本」側からの多くのレポートには沖縄をイデオロギーや政治的観点だけでとらえる傾向が強かったり、理念や観念だけで沖縄戦の加害者である「日本」をつきつめる――それは重要なことなのだが――ものが多く、街の底辺に落ちているような声を凝視することがきわめて少なかった。それに対する反発もあったのだと思う。佐木は売買春街で、わざと嫌われるような下世話な質問も「娼婦」たちに連発しながらも、人間関係を作り上げていく。そうやって彼女たちの本音を拾い集めることで、「日本」からやってきた表現者として独自のスタンスをさぐっていったのではないかと思う。『沖縄と私と娼婦』のあとがきにはこうある。

〔わたしの精神の開けっぴろげさと、それが生業である娼婦の肉体の開けっぴろげさとは、かならずしも嚙みあわなかったが、もともとそれはそういうものかもしれず、ということは、わたしの肉体で彼女らを穿つには彼女らの肉体が広大にすぎてかなわず、しからば彼女らの精神を開けて覗こうとしたものの己れの開けっぴろげさが災いしたのかもしれず、それはそのままわたしと沖縄の関係であるのかもしれない〕

佐木が本書の中で最初にたずねる娼婦は、那覇の栄町にある「旅館」（ちょんの間）にいた女性だった。仕事部屋には当時の皇太子夫人の写真が飾られていて、驚いた佐木は質問を重ねていくが、娼婦のあっけらかんとした答えに、日本の捨て石にされた当時の沖縄に天皇家の写真が貼ってあるわけないだろうという思い込みが、いとも簡単に覆される。こうした街や人の「細部」に見える「不整合」なものとでもいおうか、「日本」の左派的観点だけからは想像しにくい風景やなにげない会話を、佐木は徹底的に足をつかって溜めていく。

私も「浄化」運動の中核をになった女性団体の事務所をアポなしでたずねインタビューをした。事務所をたずねたとき、私はきつねにつつまれたような気持ちになった。数人の女性たちがいて、反米軍基地運動で有名な政治家のうちわをつくっていた最中だったのだ。私は戸惑った。反基地という「人権」を訴える人たちが、娼婦に対しては警察官らと街を練り歩き、売春をすることは女としてゆるせないという、悪意のような感情を塗り込めたビラを各売春店に投げ入れていったという行為が、なんとも「不整合」だと思えたからだ。人間に対して害虫駆除ではあるまいし、「浄化」という言葉をためらいなく使うのも、人権団体から感じた「不整合」性だった。

拙著『沖縄アンダーグラウンド』の中で、佐木は次のように私の質問に答えている。ちなみに佐木が亡くなったのは、拙著の刊行三年前ぐらいだった。

〔私が製鉄所で働いていたころ、沖縄の戦争スクラップには不発弾が混じっているため、それが爆発して何人死んだということを聞いていました。年間一〇人ほど、スクラップヤードで死者が出ていたと記憶しています。一九六八年一一月に沖縄に取材に行ったときに琉球政府の資料を見たら、一九五六〜五七年頃は、スクラップ産業が黒砂糖を抜いて総生産額の一位になっていた。そして新聞報道で、スクラップを掘る作業中に一〇〇〇人近い子どもの死者が出ているということもわかった。カネのため、生きるためにはここまでしなければならないのかと衝撃を受けました。僕が最初にショックを受けたのは売春街ではなかったんです」

つまり佐木はもともと理論やイデオロギーから沖縄に関心を持ったわけではなく、沖縄の戦後を生き抜く人々の血と汗と命を、高校を卒業後に働いていた製鉄所で目の当たりにしたのだ。であれば彼が売買春の街に吸いよせられたのも当然の帰結だろう。

私は、沖縄で広く長く読まれることになった拙著『沖縄アンダーグラウンド』を佐木に手渡せなかった。そのことが後悔となって私の脳裏にこびりついている。インタビュー中、焼酎をあおるように飲み続けた佐木の「これは遺言ですからね」という言葉を思い出すたびに、私は今はゴーストタウンと化した沖縄の元売買春街に佐木の大きな背中を見た気になるのである。

（ふじい・せいじ　ノンフィクションライター）

本書は一九七〇年十二月に合同出版より刊行されたものを文庫化したものです。

本書のなかには現在では差別的とされる語句がありますが、作品の歴史的価値を尊重し、また著者が故人であるため原文通りといたしました。

ちくま文庫

沖縄《おきなわ》と私《わたし》と娼婦《しょうふ》

二〇一九年五月十日　第一刷発行

著者　佐木隆三（さき・りゅうぞう）
発行者　喜入冬子
発行所　株式会社　筑摩書房
東京都台東区蔵前二―五―三　〒一一一―八七五五
電話番号　〇三―五六八七―二六〇一（代表）
装幀者　安野光雅
印刷所　株式会社精興社
製本所　株式会社積信堂

ISBN978-4-480-43595-8　C0195